COSTUME

DES ANCIENS PEUPLES.

SECONDE PARTIE.

USAGES RELIGIEUX DES PERSE...

Vingt-cinquieme Cahier. *Planche I.*

Voici le monument le plus confidérable que le tems nous ait confervé des ruines de Perfepolis : c'eft le tombeau d'un des premiers Rois de Perfe, que des Ecrivains croient antérieur au regne même de Cyrus. On voit dans la table, dont l'édifice eft couronné *a*, un Souverain priant devant l'autel du Dieu Mitras, qu'environnent le Soleil & la Lune : cette table eft élevée fur une forte de baluftrade que deux rangs d'hommes paroiffent foutenir à force de bras. Aux côtés font deux monftres, *b*, *c*, allongeant leurs pattes, en figne de proteftion, fur des Mages *d*, *d*, vêtus comme le Souverain. Au-deffous, s'étend une platte-bande *e*, *e*, ornée d'efpeces de lions qui courent fus une fleur de lotus, *f*(*). L'entablement eft foutenu par quatre colonnes *g*, *g*, fans bafes, ayant pour chapiteau un tailloir & des demi-bœufs accolés, dont les têtes forment des volutes *h*, *h*; idée finguliere qu'ont adoptée plufieurs nations, & qui peut bien avoir fuggéré les têtes de bélier

---

(1) Ce rapport avec l'Egypte ne doit point étonner ceux, qui font perfuadés qu'elle a été le berceau de tous les Arts, & principalement de l'Architecture.

K

dont on a formé des volutes aux chapiteaux de deux grands pilaſtres *i*,
qu'on voit à Paris dans la rue Garanciere, près du Luxembourg. Revenons à Perſepolis. A côté de la platte-bande, ſont quatre Mages *k*, *l*,
tenant une lance en main. On en voit quatre autres au-deſſous *m*, *m*,
au coin des colonnes, qui formant un périſtile au monument, laiſſent
entrevoir la porte par laquelle on entroit dans une ſalle de bains. On
nous a conſervé les chapiteaux *o*, *p*, employés dans cette ſalle; tout
maîgre qu'en eſt le gabarit, il paroît avoir un leger rapport avec le co-
rinthien. La moitié de l'édifice étoit adoſſée à un roc, *q*, *r*.

P L A N C H E   I I.

TOUS ces objets fournis par les mêmes ruines que le tombeau pré-
cédent, ſont de la même antiquité. C'eſt devant le portique de cet édifice, qu'anciennement on avoit élevé cette colonne cannelée *a*, *b*; c'eſt
en fouillant autour, qu'on a trouvé les mains, tenant une fleur de lotus *c*, *c*, le paraſol *d*, les deux éventails *e*, faits de queues de chevaux
marins, la pelte *f*, le boiſſeau à anſe *g*, & le carquois *h*. A l'égard du
Prêtre *i*, aſſis ſur ſon Tribunal; du Soldat *k*, portant un bouclier, une
lance & un paraſol, ils ont été extraits de bas-reliefs particuliers, qui
décoroient la façade d'un vieux Palais, dont on préſente ici la porte *l*.

P L A N C H E   I I I.

BIEN des perſonnes penſent, que ces débris d'Architecture, pris d'a-
près divers points de vue de Perſepolis *a*, *b*, *c*, ne donnent aucune
idée de la grandeur ni de la nobleſſe dans l'art de bâtir; que, ſuivant
eux, les anciens Perſes auroient dû puiſer chez les premiers Egyptiens,
avec qui ils étoient non-ſeulement en commerce, mais encore dont
ils employoient les Ouvriers. Pluſieurs Critiques qui leur font ce re-
proche, ſoupçonnent que c'étoit par vanité qu'ils étoient ainſi attachés
à leur goût, par préférence à celui des Egyptiens. Un peu de vanité
ne nuit pas au vrai mérite, lorſqu'elle n'eſt point pouſſée juſqu'à un
aveugle orgueil; elle ſoutient bien de veilles, elle enfante bien des travaux; & il faut quelquefois la pardonner aux grands Artiſtes, de peur

qu'en la leur reprochant, on ne perde ce qu'elle peut valoir d'utile & d'agréable à la société & aux talens. Mais il paroît à ces Critiques, que les Perses n'avoient pas tiré avantage de leur vaine présomption ; puisque l'orgueil les avoit aveuglés au point de les entretenir dans leur maniere, en quelque sorte barbare. Car enfin , des colonnes dont les chapiteaux absorbent la moitié du fût *b* , des chapiteaux formés d'especes de ca-latus entassés les uns sur les autres *d, d,* des fabriques *c*, des masures *e,* des palais *f,* bâtis dans un même goût, sans variété , sans agrément, sans décorations caractéristiques, présentent-ils autre chose qu'un style maniéré , pauvre & bisarre ? Tel est celui de ces débris qui , suivant quelques Antiquaires, datent du tems de Cyrus. Nous les mettons en contraste avec les murs des Jardins d'Assuerus, *g, h* (*) , pour faire voir, que les Perses plus modernes , dans les objets de la moindre consé-quence, faisoient usage des principes de l'Egypte & de la Grece ; qu'ils commençoient sous le regne de ce Prince à bannir de leurs cons-tructions la grossiereté de leurs premiers édifices ; & que prenant le ton de la bonne Architecture, ils donnoient espérance de produire à l'a-venir des ouvrages dignes du beau siecle d'Alexandre.

P L A N C H E I V.

POUR mettre en évidence l'espece de barbarie, dont plusieurs Con-noisseurs tancent le goût d'Architecture des anciens Perses, on pro-duit ici quelques-unes de leurs décorations. Qu'offrent-t-elles en effet ? Des montans en sorte de guillochis, couronnés de têtes de monstres *a, a,* des ornemens entassés *b,* de petites figures enchassées *c, d , e,* des especes de licornes *f,* des ossemens accolés *g*; tous objets bisarres qui forment des ensembles monstrueux, & qui laissent tout au plus entrevoir quelques détails d'une exécution pénible & recherchée *h, i, k.* Mais ces travaux chimériques, ces vaines manœuvres excusent-elles les singularités inconséquentes de l'imagination ? Oui, s'écrie un partisan outré de l'Architecture des anciens Perses, qu'il soutient avoir servi de

(*) On ne compte que 100 ans d'intervalle entre les regnes d'Assuerus & d'Alexandre : il y en a environ 150 entre Cyrus & Assuerus.

K ij

modele à tous les Architectes Grecs & Romains ; ajoutant qu'elle ren-
ferme plus d'élégance dans les colonnes, plus de variété dans les ornemens, & plus de génie dans le tout enfemble, qu'il n'y en a dans la
plupart des édifices de Vignole, de Vitruve & de Palladio. Un tel
paradoxe, bien loin d'être débattu, d'être jugé de fens-froid, ne mé-
rite-t-il pas au contraire d'être regardé comme une de ces plaifanteries
de l'Auteur des Amufemens férieux & comiques, qui faifant le paral-
lele d'Homere & de Rabelais, place fur un même niveau l'Agamem-
non, le Neftor de l'Iliade ; l'Ulyffe, le Cyclope de l'Odyffée ; & le Pa-
nurge, le Dindenaut de Pantagruel.

P L A N C H E   V.

EN examinant ces coëffures des confidentes & des compagnes d'Ef-
ther, on fe perfuade que, dans ces tems, la richeffe, le bon goût des
ajuftemens régnoit à la Cour des Rois de Perfe. Les voiles rares *a*, *a*,
les bonnets de tiffus précieux *b*, *c*, *d*, les perles orientales *e*, les cigales (*) de vermeil émaillé, les tiares d'or & d'argent, les riches cein-
tures en broderie *f*, les cartifannes, les franges, les galons fur les
étoffes de prix *g*, *h*, *i*, entroient dans la parure des femmes tant foit
peu diftinguées. Les Soldats portoient des fourrures à leurs vêtemens *k*,
& leurs cafques d'airain *l* étoient ornés d'aigrettes & de panaches vo-
lumineux, faits de plumes recherchées *m*.

P L A N C H E   V I.

IL n'y avoit pas jufqu'aux fuivantes *a* qui ne fuffent parées d'amples
robes foyeufes *b*, *b*, de riches voiles *c*, de calatus brodés *d*, & d'ef-

(*) Dans la Planche XII du fixieme cahier, il a été fait mention des cigales d'or & d'argent
que les Romains portoient dans leurs coëffures ; mais on a oublié de dire ue plufieurs Peuples
en portoient comme eux. Paufanias nous apprend que les Athéniens, qui fe vantoient d'être
auffi anciens que la terre qu'ils habitoient & dont ils prétendoient être fortis, jufqu'au tems
de Thucidide, avoient porté dans leurs cheveux de petites cigales d'or & d'argent, comme
un fymbole de leur antiquité, dans la penfée que cet infecte étoit engendré de la terre ; c'étoit-
là une de leur folie, ajoute Paufanias, comme des Phrygiens, des Scythes, &c. Les Egyptiens
étoient de même, nous l'avons dit au commencement du cahier XXI.

peces de fcapulaires à bordures de même *e*. Les plus bas-officiers *g*
étoient vêtus du beau drap des manufactures d'Ecbatane ; & ceux qui
étoient diftingués par leurs poftes, ajoutoient à leurs fomptueux ajuftemens les colliers *h*, les chaines d'or, les pierres précieufes *i*, & les
marques de leur diftinction *k*.

P L A N C H E V I I.

LES perfonnes inftruites favent, que les Medes, les Perfes, les Parthes, Peuples voifins & réunis, que le fort des armes fit, pour ainfi
dire, entrer les uns dans les autres (*), eurent à-peu-près les mêmes
vêtemens & les mêmes armes. Ils emprunterent dans la fuite quelques
ufages des Nations avec lefquelles ils furent en guerre, & fe firent des
ajuftemens nobles, élégans, quoique très-finguliers. On en voit l'exemple dans cet Officier Mede *a*. Il porte un cafque en forme de tiare des
Parthes, ayant la vifiere des Grecs *b*, & la colarine des Daces *c*. Son
corfelet écaillé *d*, à la mode des Perfes, eft furmonté d'une efpece de
clamyde qui lui forme une fubrevefte *e*. L'arc, les fleches *f*, la lance *g*,
& le bouclier *h* font fes armes : des botines écaillées *i*, & des fandales
font fa chauffure *k*. Il eft environné de quatre efpeces de trophées, formés de vêtemens les plus ufités chez les Barbares. Dans l'un, *l*,
le corcelet *m* & le cafque romain *n* font affociés au Candis Parthe *o*.
On voit dans l'autre *p*, la tunique des anciens Perfes *q*, réunie à la
coëffure des Myliens. Un troifieme *r* préfente une longue camifole
de mailles à la mode des Peuples d'Ethiopie *t*. La quatrieme *s* eft une
forte de foutenille formée de peaux de bêtes fauvages *u*, dont, fuivant
Herodote, les Cafpiens & les Pactes étoient vêtus dans la fameufe
expédition de Xercès.

P L A N C H E V I I I.

QUOIQUE les Barbares fuffent ennemis déclarés des Grecs & des
Romains, ils en devenoient les alliés, quand leur intérêt perfonnel

---

(*) Ces peuples forment trois provinces d'un même Royaume.

l'exigeoit, & combattoient à leur folde, adoptant prefque tous leurs ufages. Le Sarmate *a* que nous préfentons ici eft au fervice des Grecs : il n'a que le corcelet *b* & le cafque de fa nation *c* ; fes cuiffards *d*, fes brodequins écaillés *e*, fon cheval même *f*, appartiennent au Peuple dont il s'eft engagé à fuivre les loix ; mais il eft fuffifamment caractérifé par fon adreffe à tirer de l'arc *g* en fuyant : on voit à fes pieds l'étendard des Thraciens *h*, qui arboroient la figure de la Mort.

P L A N C H E   I X.

NICOLAÏ, dans fes voyages en Turquie, rapporte, que les Mahométans avoient encore dans leurs troupes des Croates *a*, comme en avoient des Peuples barbares du fond du Nord, qui alloient vêtus de peaux d'ours, coëffés d'un bonnet à la polaque *p*, de peau de léopard bien moucheté. Sur le devant de cette coëffure, étoit attachée la queue d'un aigle *b*. Ils avoient leur bouclier armé des deux aîles de l'oifeau vorace *c*, ouvertes & fixées avec des clous , de maniere que toutes les plumes préfentoient comme autant de lances *d*, qu'en combattant, le Croate hériffoit contre l'ennemi. Cet ajuftement à fervi de modele à d'autres barbares, qui ont voulu imiter les Croates du Nord : mais il s'en faut de beaucoup, qu'ils l'aient rendu auffi effrayant *e*. Ils avoient des troupes légeres , coëffées d'un cafque en guife de mître *f*., vêtues en partie de peaux de bouc, & nues en partie *g*. Leur foin étoit de couper beaucoup de têtes *h, h, i*, avec leur épée en faucille *k*, de fignaler ainfi leur bravoure, & d'en retirer de modiques récompenfes. Les cafques *l, m, n*, appartiennent à divers barbares que fubjugua Trajan : ils ont été extraits de la bafe de la colonne qui porte le nom de cet Empereur. On ne doute point, que la coëffure en nates *o*, fculptée fur un fond quarré, ne foit l'ajuftement d'une Africaine ; il eft fait de cheveux poftiches à la mode des Parthes , qui s'ajuftoient non-feulement avec des chevelures, mais encore avec des barbes d'emprunt. La hache à double tranchant *q*, armée par le bout de trois pointes *r*, fervoit aux barbares de Croatie mentionnés ci-deffus ; ils l'employoient au lieu du foulon *s*, & de l'épée qu'ils ont en main.

Planche X.

Dès que la guerre eut fait fentir aux Barbares, qui combattoient nuds, la néceffité de fe garantir des traits de l'ennemi, ils fe vêtirent de peaux des bêtes fauvages, que la chaffe leur fourniffoit abondamment. La tête de l'animal leur fervoit de coëffure, & ils fe formoient des manteaux du refte de la dépouille, qu'ils fixoient en nouant les pattes. C'eft par la coutume où étoient ces Peuples de s'accoûtrer ainfi, & par l'utilité que bien des curieux & des Artiftes pourroient retirer de nos recherches à ce fujet, que nous avons été déterminés à produire ici quelques modeles de dépouilles entieres, de têtes & de crinieres de ces animaux féroces : nous les avons retracés dans trois planches confécutives. On voit ici une tigreffe en furie *a*, & un léopard qui fe repofe *b*, entourés de têtes de chiens ; l'une vue en deffus *c*, l'autre en deffous *d*. Suivent des têtes de cheval *e*, de jeune tigre *f*, dont les Ethiopiens & certains Arabes fe coëffoient. Plus des têtes d'ours *g* & de fanglier *h*, avec leurs pattes feparées *i*, *k* : ceux qui s'en fervoient les attachoient devant la poitrine, où à l'endroit de la ceinture.

Planche XI.

Cette feuille n'eft qu'une fuite de la précédente. On y trouve des têtes de loup *a*, de louve *b*, de geniffe *c*, de renard *d*, dont fe couvroient divers habitans de la Mauritanie. Nous avons placé au milieu de ces têtes, un lion *e*, & au - deffous, toute la peau d'une panthere (*)*f*, *g*, *h*, dans la vue de rendre ces objets infiniment utiles, en préfentant les animaux mêmes en entier ou leurs dépouilles complettes; on donne ainfi plus de facilité aux Artiftes d'en former, foit des houffes

---

(*) Les Egyptiens embaumoient non-feulement les corps des animaux de leurs pays, pour qui ils avoient une extrème vénération ; mais encore ceux qu'on leur apportoit morts des pays étrangers. Ils les empailloient auffi avec beaucoup d'adreffe, comme ceux qu'on voit au Cabinet du Jardin du Roi & chez plufieurs curieux. Qu'il feroit avantageux pour les Artiftes, de pouvoir fe procurer de pareils modeles, pour fuppléer la Nature, dont il leur eft fi difficile de jouir ! Seroit-il donc impoffible de faire ici ce qu'on faifoit communément en Egypte ?

aux chevaux, des vêtemens aux Barbares, aux Porte-Enfeignes ou
aux Tibiciniens Romains; foit pour fervir de fiege aux Seigneurs Perfes, ou de lits aux Héros Grecs. Au rapport d'Homere, ces Héros
couchoient fur des peaux; & les Perfes, de qui ils en prirent l'ufage,
le communiquerent à plufieurs peuples. On mettoit fur ces peaux des
étoffes qui leur fervoient de matelas; fur ces étoffes, de beaux tapis:
c'étoient leurs draps; fur ces draps, de riches couvertures; & les
peaux garnies de tout leur poil fervoient de fommier contre l'humidité.
Paufanias, dans fon voyage de l'Attique, rapporte que ceux qui fa-
crifioient à Amphiaraüs, dont le génie excelloit dans l'interprétation
des fonges, après lui avoir immolé un belier, étendoient la peau de
la victime fur le plancher, fe couchoient deffus & s'endormoient, dans
l'efpérance d'avoir quelque fonge fuivi d'une explication favorable.
Non-feulement les Anciens fe fervoient de ces dépouilles pour prendre leur fommeil, mais encore ils les employoient pour former des
fieges honorables. Dans l'entrevue d'Agefilas & de Pharnabafe, ce
Commandant des armées du Roi de Perfe, voyant que le Général
Spartiate étoit affis par terre, s'affit de même, fans égard aux peaux
très-douces & à longs poils qu'on lui avoit préparées. Les Solitaires
s'en faifoient des vêtemens; elles fervoit de plaftrons aux Amazones, & Minerve en avoit fon égide couverte. Dans les attaques, les
ennemis employoient refpectivement des dépouilles fraîchement écor-
chées, pour rompre & affoiblir les traits qu'ils fe lançoient mutuelle-
ment. Toutes les perfonnes inftruites favent que la peau de lion fervoit à défigner la Souveraineté des Rois d'Egypte. Qui eft-ce qui
ignore qu'elle a toujours été employée & qu'elle l'eft encore aujour-
d'hui à caractérifer le courage, la force & l'héroïfme des Guerriers?
C'eft pour faciliter les moyens de remplir convenablement ces objets, qu'un amateur zélé pour le progrès & la gloire des Arts (*),
fit venir à grands frais, du fond de l'Inde, une peau de lion dont il fit
préfent à l'Académie Royale, où elle eft confervée avec foin, à l'ufage
de tous les Artiftes. Autant ce noble fectateur & cultivateur des talens

____

(*) Feu le Comte de Caylus, Amateur Honoraire de l'Académie Royale de Peinture & de
Sculpture, Membre de celle des Belles-Lettres & Infcriptions, &c.

étoit porté à se rendre utile aux Artistes, autant étoit-il attentif à les détourner de ce qui pouvoit leur nuire. Sur-tout il pensoit, & nous pensons comme lui, que ceux qui sont tant soit peu jaloux de leur gloire & de leur tranquillité, doivent éviter, autant qu'il leur est possible, de travailler pour ces prétendus connoisseurs, qui, dénués de goût & de lumieres, n'ayant pour tout mérite que leur opulence, & voulant se donner un relief de curieux, font faire des tableaux, sans avoir la moindre notion des premiers élémens de l'Art de peindre. Qu'arrive-t-il ? L'amour-propre leur déguise leur ignorance; ils croient pour leur argent être en droit de juger l'ouvrage commandé, &, qui pis est pour l'Artiste, ils veulent être satisfaits à quelque prix que ce soit. Lors, prenant un ton décisif, ils l'obligent de faire grimacer ce Narcisse, d'embellir ce Midas, d'animer ce Morphée, d'allonger cette figure, d'accourcir cette autre, de diminuer ce brun, d'augmenter ce clair ; enfin il n'est point d'objet qu'ils ne mutilent, suivant les impressions de leur caprice. Semblables à cet hôte inhumain, qui faisant coucher les passans dans son lit, les tirailloit, les tronquoit, & ne cessoit d'accourcir & d'étendre, que l'homme & le lit ne fussent de niveau. Quel ensemble attendre d'un ouvrage soumis à ces dislocations & à ces démembremens ? Qu'importe ? On est satisfait du tableau : on le paie grassement; on l'emporte; on l'expose dans une Salle magnifique à la vue des parasites rassemblés, qui s'extasient en entendant le soidisant connoisseur se vanter, qu'il a plus de part à l'ouvrage que l'Artiste qui l'a peint.

PLANCHE XII.

EN examinant ces muffles de jeune lion *a*, de léopard *b*, de loup cervier *c*, de chamois *d*, avec les têtes de blereau *e*, de sanglier *f*, de loup *g*, de renard *h*, accompagnés de leurs pattes, *i*, *k*, *l*; les Curieux & sur-tout les jeunes Artistes, qui n'ont que difficilement les moyens de copier des animaux d'après le naturel, nous sauront peut-être bon gré d'avoir introduit ici, non-seulement des indications suffisantes de ces sortes d'objets, mais encore d'y avoir joint quelques légeres réflexions sur la maniere de les traiter. Le caractere de ces dépouilles d'animaux exige un style fier, & libertin en apparence.

La fonte des teintes n'y doit point être abfolument négligée, mais elle
y doit être cachée fous un pinceau infiniment plus heurté, fous des
touches plus fenfibles, fous un faire plus hardi & plus groffier que les
carnations & les draperies. Des couleurs faillantes par leur épaiffeur
dans les parties lumineufes, travaillées à plein pinceau dans celles de
demi-teinte, amorties par de favans laiffés, par de légers glacis dans
les ombres, doivent faire appercevoir fur la toile une manœuvre rabo-
teufe, pour ainfi parler, qui rende le caractere brutal des animaux. Ces
préparations préliminaires demandent à être terminées par l'opération
d'une broffe facile & intelligente, qui forme les poils par maffe, fiere-
ment détaillés fur les parties avancées, légerement paffés, & habilement
négligés fur les tournans. Toutes ces maximes qui font fuffifantes pour
traiter convenablement les dépouilles d'animaux, ne le font point pour
traiter les animaux eux-mêmes. Elles ne produiroient qu'un effet médiocre, fi alors elles n'étoient accompagnées d'une forte expreffion de l'objet, qu'on affaifonnera de toute la vivacité, dont les animaux mis en
action font fufceptibles. C'eft-là que l'Artifte peut mettre tout le feu de
fon enthoufiafme, lancer tous les éclats de fa verve méchanique, fe livrer à une efpece de fureur pittorefque; &, dans fon délire, abandonner
quelquefois au hafard des effets, que fouvent la réflexion, le travail &
la patience font incapables de produire. Mais qu'il fe garde bien d'é-
tendre ces principes fur d'autres genres de peinture, que fur les tableaux
d'animaux. L'efpece de barbarie dans la manœuvre qui convient à leur
férocité, feroit monftrueufe dans un tableau d'hiftoire. Celui-ci demande tout le fens-froid, toute la nobleffe, toutes les réflexions néceffaires à la perfection d'un ouvrage de longue haleine, où il faut ranimer
le génie à plufieurs reprifes ; au lieu que dans un tableau d'animaux,
qu'une chaleur extraordinaire de génie peut pouffer par boutade & ter-
miner prefqu'au premier coup, fans quitter pour ainfi dire le pinceau,
l'Artifte a plus de liberté de fuivre l'impétuofité de fon imagination &
de fe livrer, pour vaincre certains obftacles, à une forte de défefpoir
pittorefque, tel que celui dont parle l'antiquité, qui, par une éponge
jettéé de dépit fur un tableau, exprima l'écume d'un cheval plus parfaitement, que l'induftrie du Peintre n'avoit pu faire.

Fin du vingt-cinquieme Cahier.

I.
A.
P.
O.
B.
C.
D.
D.
E.
E.
M.
M.
G.
G.
Q.
R.
B.R

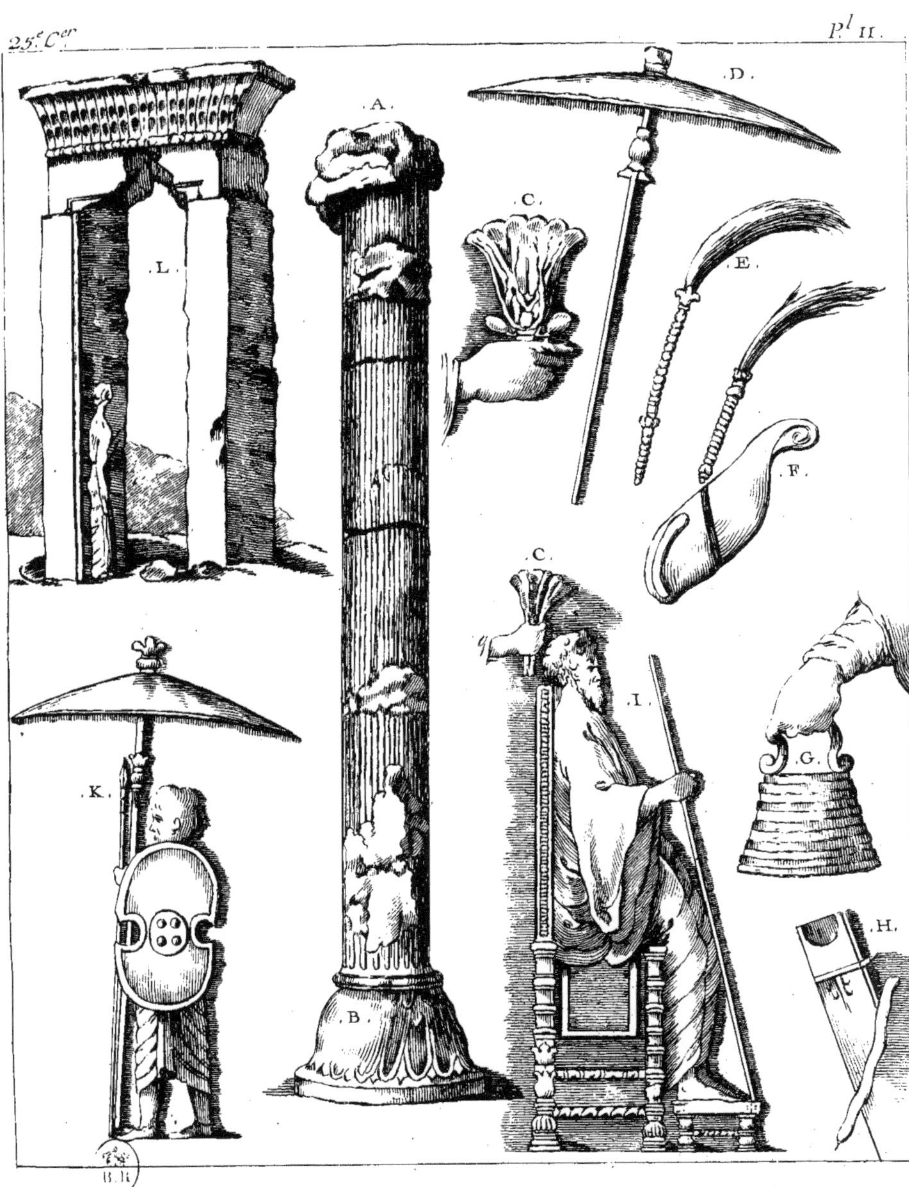
.A.
.C.
.D.
.E.
.F.
.C.
.L.
.I.
.G.
.K.
.H.
.B.

.E.
.A.
.F.
.D.
.D.
.B.
.C.
.G.
.H.

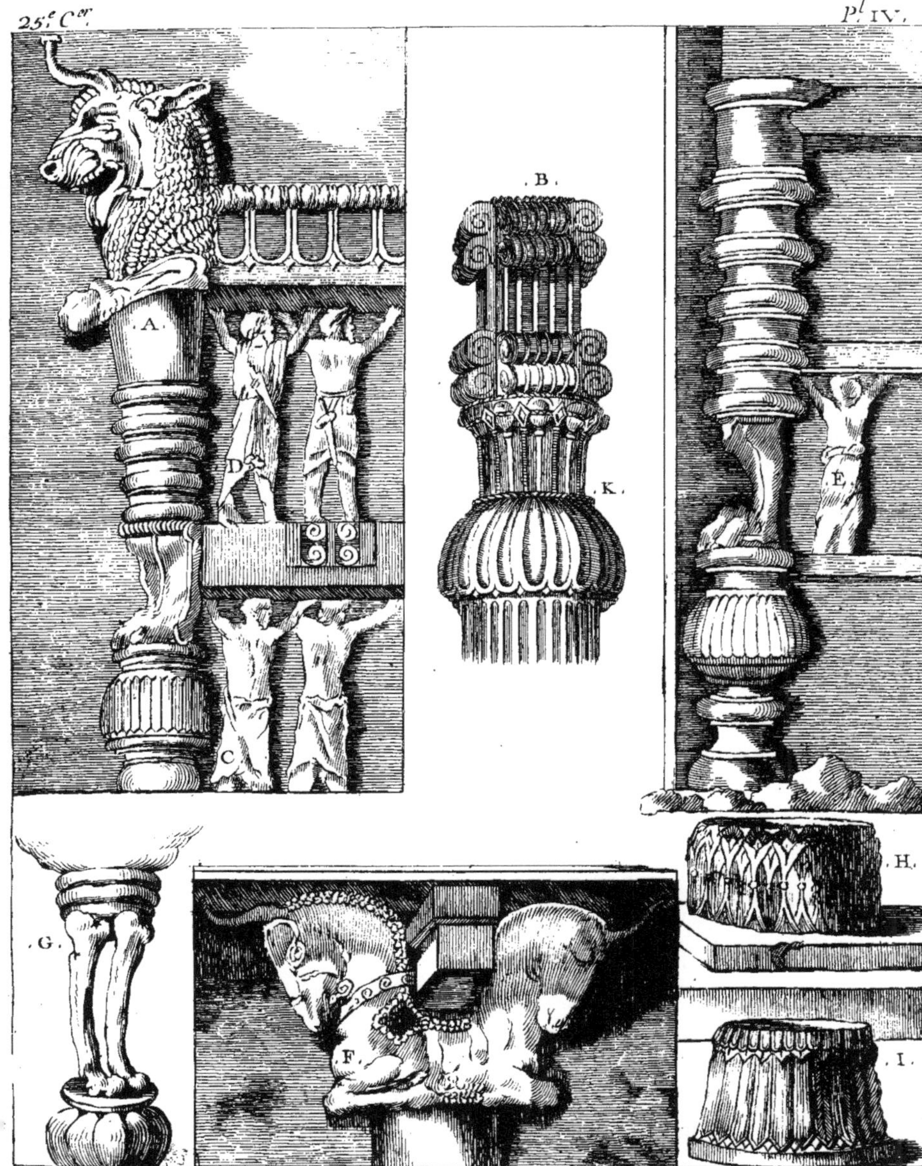
B.
A.
D.
C.
K.
E.
G.
F.
H.
I.

A.
L.
M.
C.
K.
D.
F.
E.
G.
I.
B.
A.
H.

H.
I.
A.
D.
C.
F.
K.
E.
G.
B.
B.

P.
L.
N.
O.
A.
B.
Q.
C.
F.
E.
I.
M.
G.
D.
H.
R.
S.
T.
V.
I.
K.

A.
C.
B.
G.
D.
F.
E.
H.

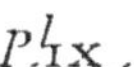

A.
C.
D.
E.
B.
F.
H.
G.
I.
K.

.B.
.E.
.C.
.D.
.H.
.A.
.G.
.F.

.C.
.A.
.O.
.B.
.D.
.F.
.N.
.E.
.I.
.P.
.K.
.H.
.G.
.M.
.L.

COSTUME

DES ANCIENS PEUPLES.

SECONDE PARTIE.

USAGES CIVILS DES PERSES.

VINGT-SIXIEME CAHIER. *PLANCHE I.*

SUR les ailes de l'efcalier d'un vafte édifice de Perfepolis, font re-préfentés en mofaïque les Officiers d'une grande cérémonie, expofée dans les trois planches fuivantes. Le Chef *a* eft un prêtre armé du glaive facré pour égorger la victime, & de la fourche pour en remuer les membres dans la chaudiere; il eft accompagné d'un Victimaire *b*, chargé de petits vafes deftinés à en recevoir le fang, d'un Palefrenier *c*, qui conduit l'animal, & d'une efpece de vieux Néocore *d*, tenant en main deux gobelets pour faire les libations. On voit à fa fuite le Bou-vier *e*, gardien de la victime, & le Commiffionnaire de la Ville *f*, portant dans des balances le tribut pécuniaire en pommes d'or, qu'après le facrifice, les Juges municipaux offroient au Souverain, de la part de la Nation.

PLANCHE II.

DIVERS Officiers fuccédent aux précédens. Un Pope *a*, avec des maillets, pour affommer les victimes qu'on n'étrangloit pas, & qu'il n'étoit pas permis d'égorger; un Maître de libations *b*, chargé de la fimpule & de la patere; un Arufpice *c*, tenant fa tablettte & fon bâton

Part. II.   L augural; l'Intendant des sacrifices *d*, vetu de la simarre sacerdotale, coeffé du calatus cannelé, portant en main une espece d'entonnoir & à la ceinture le sacré poignard. Suivent le Capitaine *e*, le Major *f*, l'Enseigne *g*, le Caporal de la Ville *h*, armés de lances & de boucliers.

PLANCHE III.

LA marche de cette cérémonie est fermée par quatre Officiers de la garde du Prince; le Chef *a* & le Sergent des Hallebardiers royaux *b*, distingués par le calatus cannelé; deux Janissaires *c*, *d* coeffés d'un simple bonnet qui les accompagnent: ces Officiers sont tous remarquables par leurs barbes postiches & leurs cheveux frisottés.

Quoiqu'on ne puisse pas disconvenir, que la plupart de ces figures ne soient assez bien dessinées, par rapport au tems & au pays; quoiqu'elles soient à bien des égards aussi voisines de la correction & du naturel que les statues Égyptiennes retracées & examinées précédemment, Planche II, Cahier XXI, il s'en faut de beaucoup que, ni les unes ni les autres approchent de la beauté des figures Grecques, que les Perses & les Égyptiens avoient étudiées & prises pour modeles. N'en cherchons la raison que dans les bornes de leur génie, dans l'étendue de leur amour-propre & dans leur peu de vénération pour des Contemporains, dont ils croyoient égaler les talens. Satisfaits de plaire aux Peuples ou aux Citoyens à qui leurs travaux étoient destinés, ils jugeoient de ce qui devoit plaire, par ce qui plaisoit en effet, & croyoient avoir atteint le beau, le sublime de l'art & de la nature, quand ils avoient rempli cet objet. Les Artistes qui sont jaloux de leur réputation ne doivent point se diriger ainsi par des vues plus conformes à leurs intérêts qu'à leur gloire. Leur principale attention doit avoir pour objet la recherche, l'étude du vrai Beau, l'envie de s'enrichir de ses trésors & l'ambition de les mettre à profit. Ce sont-là des moyens d'agrandir la sphere du génie, de rétrécir l'étendue de l'amour propre, d'acquérir la connoissance du degré de considération justement dû aux grands Maîtres, & d'enfanter des chefs-d'œuvres dignes d'une solide réputation. C'est par-là qu'on réussit à mériter l'approbation de tous les peuples, les suffrages de tous les siecles: au lieu qu'en se bornant aux

applaudiſſemens de ſon tems & de ſon pays , on n'obtient quelquefois
qu'une réputation éphémere , que les moindres circonſtances ſont capables d'anéantir.

Les anciens Perſes donnoient à leur ſphinx *e* une coëffure reſſem-
blante au calatus des Egyptiens , accompagné d'un voile. Ils leur prê-
toient des ailes , comme les Grecs ; les enrichiſſoient de perles feintes
& les plaçoient avec d'autres monſtres *f*, dans les décorations de leurs
édifices les plus ſomptueux. Cependant, à travers les biſarreries de leur
Architecture, on apperçoit quelques détails dans les décorations , qui
ne ſont pas ſans mérite (*), ce qu'on verra encore mieux dans la
Pl. XI du XXXIᵉ Cahier.

P L A N C H E   I V.

AVANT le regne de Cyrus, les Perſes qui du tems d'Aſtyages exiſ-
toient ſous le nom de Medes , portoient les diverſes coëffures que
nous retraçons ici. La premiere eſt le calatus , ſurmonté d'une eſpece
de couronne murale *a*. On voit dans la ſeconde, dont eſt coëffé le
Porte-paraſol du Prince, une calote , ceinte à l'endroit du front d'un
double rang de plis en façon de lauriers *b*. Celle qui ſuit préſente la
forme d'un œuf d'autruche, monté ſur une eſpece de diadème feſtonné *c*.
La quatrieme n'eſt autre choſe qu'un bonnet en pain de ſucre *d* , di-
viſé par bandes dans ſa hauteur. Au-deſſous paroiſſent un Roi & une
Reine ſoutenant un cercle d'or *e*, ſymbole de leur union : le Prince a
pour couvre-chef une mitre à riche criniere *f* ; la Princeſſe , une couronne pyramidale, compoſée de feſtons qui ſe ſurmontent les uns les
autres *g*. A l'égard des coëffures reſtantes *h* , *i* , ce ſont des ſortes de
bonnets , l'un recourbé en arriere, l'autre droit, appartenans à des perſonnes de marque. Il y a eu des tems , où les Perſes attachoient une
diſtinction aux différentes manieres d'ajuſter leurs coëffures. Les Rois
portoient la tiare droite ; les principaux Seigneurs en avoient le bout
renverſé en devant, & les Officiers ordinaires le portoient recourbé
en arriere. Ces diſtinctions ſe ſont éclipſées dans d'autres tems.

(*) Remarquez la Figure *G*.

L ij

PLANCHE V.

On peut juger par ces coëffures, extraites d'après de Troy dans
son histoire d'Esther (*), que du tems d'Assuérus les turbans, autrement nommés cidaris, avoient pris chez les courtisans & chez les Sa-
trapes la place des bonnets en forme de tiare & en guise de calatus des
anciens Perses. Les turbans *a*, *b*, étoient faits d'une longue & large
bande d'étoffe fine, qu'on cousoit avec des fils d'or, & dont on s'en-
touroit la tête à volonté. On les ornoit de riches agraffes, de perles,
de pierres précieuses, d'aigrettes *c*, & on les composoit souvent d'é-
toffes de plusieurs couleurs. Ce n'est pas qu'on eût totalement renoncé
aux tiares, mais l'usage en étoit presque éteint parmi la plupart des Officiers; les Mages seuls en portoient, & les recouvroient par fois d'un
voile précieux *d*. Nous avons mis en contraste la richesse de ces coëffures avec la simplicité de celles dont on se servoit du tems de Cyrus:
telles sont l'espece de bonnet à l'Angloise *e*, & celui qu'on voit formé
de plusieurs bandes, qui cache une partie du visage *f*, & qui s'alon-
geant sur le dos, fait une collarine à celui qui le porte. Tout le monde
sent combien ces dernieres sont moins élégantes & moins distinguées
que les autres. Le goût de magnificence dans les coëffures étoit telle-
ment répandu chez les Perses sous le regne d'Assuérus, que les plus
bas Officiers de ses troupes & les soldats de sa garde paroient leurs
casques d'aigrettes & de plumes en bouquet *g*, qu'ils plaçoient indifféremment, devant, derriere la tête, ou sur l'oreille.

PLANCHE VI.

Plusieurs Persannes conserverent toujours pour leurs coëffures
l'usage des tiares d'or ou d'argent, qui leur étoient propres *a*, & même
le calatus qu'elles tenoient des Egyptiens; mais elles le déguiserent de
telle sorte, qu'elles le rendirent méconnoissable. Au tems dont nous
parlons, elles en formoient une corbeille à fond ouvert *b*, où elles

---

(*) Ces tableaux, qui furent ordonnés par Sa Majesté pour les Gobelins, forment une des plus
riches suites de tapisseries que jamais cette Manufacture royale ait produit.

agençoient un voile qui leur defcendoit fur le col *c*, fans empêcher les nattes de leurs cheveux, de badiner fur les épaules *d*. Elles fe coëffoient auffi d'un léger turban, comme certains vieux Mages *e*, recouvroient quelquefois leur tiare d'une riche gaze qu'elles ramenoient fur le front *f*, pour fe garantir des ardeurs du foleil. Elles portoient auffi des coëffures, qui, confervant la forme de la tiare, avoient à l'endroit du front un large bord feftonné *g* qu'elles relevoient pardevant pour jouir de la fraîcheur de l'air. Les Officiers qui dans le Confeil Royal avoient droit de porter la tiare *h*, étoient diftingués du commun des Mages par des bandelettes d'or *i*, dont leur coëffure étoit ceinte ; & les Militaires qui en avoient la police, étoient autorifés à décorer leurs cafques de plumes ou d'autres riches ornemens *k*. Il n'y avoit pas jufqu'aux plus minces perfonnages qui, au défaut de moyens de fe parer, ne fe diftinguaffent par un bonnet à la Phrygienne, dont la pointe fe recourboit en devant *l*.

P L A N C H E   V I I.

Un des plus beaux ouvrages de le Brun (fa Famille de Darius) expofée par extrait dans cette Planche *a*, *b*, retrace plufieurs coëffures & ajuftemens de Princeffes Perfannes. On fait que les femmes de confidération ne fe paroient pas autrement que les Dames de la Cour : perles *c*, diadèmes *d*, pierres précieufes, agraffes, riches voiles *e*, mitres d'or, enfin toutes fortes de bijoux & les plus brillantes étoffes (*) relevoient leurs graces & leur beauté. On donnoit aux efclaves pour coëffures des efpeces de cornettes pliffées *f*, telles qu'en portoient plufieurs Divinités Egyptiennes, des turbans *g*, des réfaux *h*, &c. On treffoit en cadenetes les cheveux des jeunes filles *i* ; aux plus âgées on donnoit des fortes de mouchoirs *k*, & toutes les parures convenables à leur état. Le célebre Artifte François, profond dans la fcience du Coftume, repréfente Sifygambis *l*, vêtue d'un ample manteau, enri-

---

( ) Le fecret de fabriquer & de teindre les plus belles étoffes étoit connu des Perfes Il n'y avoit point de magnificence qui leur fût étrangere. Ainfi dans l'occafion, les Artiftes peuvent tirer avantage de ces richeffes, évitant néanmoins de leur facrifier la beauté des figures & des expreffions.

L iij

chi de broderies, de glands d'or *m*, & attaché fur l'épaule par une
agraffe précieufe *n*. Sous ce vêtement majeftueux, deux riches tuniques
font indiquées; celle de deffous a les manches de l'avant-bras ceintes
de bandelettes; l'autre couvre volumineufement les épaules de la Princeffe : un feul voile brodé orne fa tête *o*. Cette modefte magnificence
non-feulement lui conferve toute la dignité de fon état & de fon âge,
mais encore ajoute au pathétique qu'infpire fa trifte fituation.

La beauté des expreffions, les vérités du Coftume, les tréfors de l'art
de peindre répandus dans cet ouvrage, n'en feroient qu'un tableau admirable, fi le fujet qui retrace l'héroïque générofité d'Alexandre envers la
famille de fon ennemi, n'en faifoit un chef-d'œuvre fublime. C'eft ainfi
que les traits d'hiftoire utiles aux mœurs par des objets d'inftruction,
ou par des exemples de vertu, donnent un nouveau mérite au talent, & placent les Artiftes au rang le plus diftingué. Pourquoi ne fe
déterminent-ils pas toujours au choix de pareils fujets, plutôt de s'occuper trop fouvent d'aventures puériles & fabuleufes, qui, à force
d'être ufées, frappent à peine les yeux fans paffer jamais jufqu'à l'ame?
Ecoutons à ce propos la penfée d'un des plus éloquens Ecrivains du
fiecle. « Nos jardins, dit-il, font ornés de ftatues, & nos galeries de
» tableaux. Que penfez-vous que repréfentent ces chefs-d'œuvres de
» l'art expofés à l'admiration publique? Les défenfeurs de la patrie,
» ou ces hommes plus grands encore qui l'ont enrichie par leurs ver-
» tus? Non : ce font des images de tous les égaremens du cœur & de
» la raifon, tirées foigneufement de l'ancienne mytologie, & préfentées
» de bonne heure à la curiofité de nos enfans; fans doute, ajoute-t-il,
» afin qu'ils aient fous les yeux des modeles des mauvaifes actions,
» avant que de favoir lire ». A ce motif près, que l'Ecrivain prête gra-
tuitement aux Curieux, le refte eft dans l'exacte vérité. Les Artiftes ne
doivent pas ignorer, qu'un Auteur attentif à prendre fes avantages ne
fauroit être trop foigneux de choifir des fujets neufs; on s'ouvre par-
là une fource féconde de nouvelles penfées & de nouveaux effets;
au lieu qu'en négligeant ce choix, on court rifque de répéter par rémi-
nifcence des chofes que d'autres ont dites. Il faut fouvent moins de génie pour foutenir, par des chofes neuves, un fonds original qui les
indique de lui-même, qu'il n'en faudroit pour déguifer feulement une
matiere ufée.

Planche VIII.

Sous le regne d'Affuerus, les arts avoient déjà fait de grands progrès : la belle architecture étoit connue des Perfes par leur commerce avec les Grecs. On évaluera la fomptuofité du palais de ce Roi *a*, en la comparant au goût uniforme & fans agrémens qu'offrent les édififices *b* extraits d'après les ruines de Perfépolis. A la vérité ceux ci indiquent quelque nobleffe dans l'ordonnance, & des fineffes dans l'exécution. Les ouvriers avoient un certain mérite du côté de la main ; ils étoient patiens & tenaces ; mais fans génie pour inventer, & fans talens pour imiter les beautés de la nature. Auffi ces architectures de Perfépolis n'ont-elles ni le bon goût, ni la variété ingénieufe, ni la riche élégance qui, depuis, furent introduites en l'art de bâtir, dans les tems plus éclairés, & plus voifins du beau fiecle d'Alexandre. Nous remarquerons au fujet de cette portion du palais d'Affuerus, que bien que le ftyle de l'architecture grecque, fa noble fimplicité, fes belles formes y foient pratiquées, on fent néanmoins, que le goût général de conftruction appartient à Sufe & à Ecbatane, plutôt qu'à Athenes & à Corinthe. On ne fauroit trop rendre raifon de ce fentiment, à moins qu'on ne l'attribue aux édifices qui étoient connus chez les Perfes ; tels que les ferrails, les harems *c*, qui ne l'étoient point chez les Grecs, ou au Roi qui paroit avec fa Cour *d* dans le balcon de fa galerie : cette circonftance eft feule capable de tranfporter notre imagination au pays où fe paffe la fcene. A l'égard de l'architecture, extraite des ruines de Perfépolis, nous obferverons encore, que la même facilité qui rendit les Perfes imitateurs des Egyptiens, les rendit copiftes des Grecs, quand ils furent à portée de goûter l'élégance & le grand caractere que ces derniers ont imprimé à leurs édifices. Dès-lors les monftres, les offemens, les décorations trop barbares difparurent des monumens Perfes, les belles proportions y furent fubftituées aux formes tantôt maigres, tantôt lourdes ; les perles furent réléguées dans les coëffures des femmes, & l'on ne dépouilla plus les ailes des fphinx pour enrichir de plumes les chapiteaux & les bafes des colonnes. Une nobleffe féduifante pour les yeux connoiffeurs, une harmonie raifonnée dans tous les rapports & tous les affortimens fuccéderent aux bifarreries révoltantes, que les Hiftoriens voyageurs nous ont tranfmifes dans leurs apocryphes relations. En un mot la folidité Egyptienne fut affo- ciée dans la plupart des édifices Perfes à la fimplicité des Grecs dont on retrouve ici l'idée. Les chameaux, les dromadaires *e*, étoient trés- cummuns en Afie; on ne fera pas étonné d'en trouver auprès des ruines de Perfépolis.

USAGES MILITAIRES.

PLANCHE IX.

PARMI les chars que nous ont fourni les Grecs & les Romains dans la plus éclatante magnificence des Rois & des Empereurs, rien n'égale la fomptuofité de celui de Darius, que, d'après le récit de Quinte-Curce, le Brun a retracé dans la bataille d'Arbelle. Ce char *a*, reffemble à un trône fuperbe, où l'argent & l'ivoire éclatent de toutes parts. De toutes parts s'élevent les ftatues des Dieux protefteurs de la Nation *b*, *c*. Le Feu, une des principales Divinités des Perfes, y eft repréfenté par un trépied allumé *d*, qui couronne le doffier du char: les roues en font d'argent *e*, & les marches, fur lefquelles il eft mon- té *f*, font d'ivoire. Au bas eft le fiege du Conducteur *g*, qui guidoit les chevaux avec des rennes dorées: un aigle aux ailes étendues *h*, fait d'or maffif bruni, s'élève à l'endroit du timon où le joug *i* eft fixé. Le Roi de Perfe *k*, *l*, commodément affis dans cette magnifique voiture, coëffé de fa couronne radiale, vêtu fous fon manteau voltigeant d'une riche tunique, dont les manches font arrêtées au-deffus du coude par un braffelet précieux, ayant pour chauffure des fortes de guêtres que des fandales terminent, armé de fleches, de l'arc & du bouclier *m*, attaque, fe défend avec un courage intrépide. Tandis qu'il combat ainfi, fon Conducteur eft renverfé; fes courfiers *n*, *o*, quittent le joug, leurs houffes voltigent, leurs crins s'hériffent, & dans leur fureur, ils henniffent, ruent, fe cabrent contre l'ennemi qui les arrête *p*, *q*. Da- rius livré à une extrême agitation, tremble du défordre de fes troupes, frémit de leur déroute, prévoit fa défaite : tout comble fon défefpoir.

Alors, dans le doute s'il doit éviter une fuite honteuse par une mort honorable, il tire son cimeterre, dit Quinte-Curce; mais voyant que quelques-uns des siens soutenoient encore le combat, il flotte entre l'espérance, le dépit & les alarmes, jusqu'au moment qu'ayant perdu toute ressource, & s'appercevant que les Perses lâchoient le pied peu à peu, il tourne son char & prend la fuite comme le reste de son armée.

P L A N C H E X.

Le Général Perse *a*, qu'on croit être *Orsines*, dont l'origine remontoit à Cyrus, n'a presque rien de militaire dans son ajustement; sans arc, sans lance, sans bouclier, armé d'un simple cimeterre, il est oblide se dérober par la fuite aux traits victorieux d'Alexandre, & de lui abandonner les deux corps d'infanterie,que Darius lui avoit confiés. Il fuit avec tout l'appareil de la magnificence. Un riche turban (*) orné d'une aigrette volumineuse à l'endroit du front *b*, forme sa coëffure ; des perles pendent à ses oreilles & décorent son collier. Une jaque à écailles d'or, qui lui tient lieu de cuirasse, est sous une tunique dont les manches, comme celles de Darius, sont relevées par un brasselet couvert de pierreries *c*; le baudrier de son cimeterre est de même *d*; sa tunique *e*, faite d'un tissu précieux, est surmontée d'un manteau de brocard d'or *f*. La vivacité de l'action qui fait voltiger cette étoffe, a enlevé au Général fugitif une partie de sa chaussure *g*. On voit à ses pieds un étendart déchiré & rompu,grouppé avec un sigaris *h*, hache à deux tranchans dont les Perses faisoient usage. Au loin paroît un Enseigne de cavalerie *i*, qu'on croit être un Sarmate Asiatique au service de ces Peuples : l'acoutrement du soldat, celui du coursier, & leur fuite *k*, ne laissent aucun lieu d'en douter.

(*) Ces turbans étoient si forts, si solides, & si capables de garantir la tête des Perses, qu'ils empêchoient leur crâne de s'endurcir. Hérodote rapporte avoir été témoin, qu'après la bataille de Cambyse & de Psammetique, les crânes des Egyptiens qui, dès leur bas âge alloient tête nue, avoient été trouvés si durs, qu'on avoit bien de la peine à les briser à grands coups de pierre ; & que ceux des Perses, qui ont toujours la tête couverte, étoient si mous qu'on les perçoit avec la plus grande facilité. Cette expérience fut faite sur le champ de bataille même, où les os des deux peuples avoient resté séparés les uns des autres.

Planche XI.

Nous venons de voir, d'après le Brun, quel étoit l'ajustement mi-litaire des Généraux d'armée chez les Perses : Hérodote va nous ap-prendre quel étoit celui des Officiers moins diftingués, & de toute la Nation en général. Il étoit compofé, dit l'Hiftorien Grec, d'une tiare *a* impénétrable aux coups (*), de cuiffards *b*, & de demi-botines qui ne leur couvroient que la moitié de la jambe *c* : tel étoit leur ajuftement : voici leurs armes. Ils fe muniffoient de targes ovales faites d'ofier *d*, de dards, du cimeterre, du poignard, d'arcs, de fleches, du carquois, de la hache fimple & de celle à double fer. Plutarque ajoute, que leur cimeterre pendoit à un baudrier fur la cuiffe droite *e*, que leurs javelots étoient courts *f*, leurs arcs très-longs *g*, & leurs fleches faites de cannes. D'autres Hiftoriens & plufieurs grands Peintres nous appren-nent que les principales machines de guerre ufitées chez ces Peuples, étoient de grandes tours *h*, *i*, portées fur le dos des éléphans, du haut defquelles ils lançoient fur l'ennemi des pierres *k*, des fleches, des dards *l*; qu'ils fe fervoient auffi de chariots effrayans & meurtriers ; de ces chars armés de faux *m*, *n*, dont nous avons expliqué les détails dans les Planches XI & XII du treizieme Cahier. Ces inftrumens de guerre, dont on faifoit ufage dans les champs fablonneux de l'Orient, nous occafionnent un confeil, que nous donnons aux jeunes Artiftes avec d'autant plus de confiance, qu'il peut fervir infiniment à l'intérêt de leurs productions. C'eft de tirer avantage de la pouffiere *o*, *p*, *q*, qu'élevent ces machines, & de la faire fervir, foit à étendre & à groupper les maffes de lumiere, foit à adoucir à propos certains dé-tails abfolument néceffaires, foit enfin pour répandre par-tout, dans une ordonnance pittorefque, le charme de la couleur, de l'harmonie & des effets. Les Perfes fe fervoient auffi du Bélier.

(*) Les tiarres des Perfes étoient des bonnets en pain de fucre d'or, d'argent, de cuivre, d'a-cier ou de fer, fuivant les différens états ; ces peuples ont eu dans divers tems des cafques de même, fans préjudice de leurs cidaris ; vrais turbans formés de longues bandes de coton ou de lin, dont ils s'entortilloient la tête.

Planche XII.

On présente ici un fragment *a*, du triomphe de Mardochée, peint par de Troy, supérieurement exécuté à la Manufacture royale des Gobelins. Quel tableau peut nous mieux rappeller les magnifiques cérémonies des Perses; spectacles somptueux, bien capables d'occuper d'une maniere agréable & utile les Amateurs & les Sectateurs des Beaux-Arts ! Ces cérémonies étoient de deux sortes ; les générales, qui intéressoient la Nation & l'Empire: telle fut la pompe de Cyrus après son expédition de Babylone; & les particulieres, qui n'avoient pour objet que la gloire d'un personnage de distinction que le Roi vouloit honorer : tel fut le triomphe de Mardochée. Dans cette cérémonie, le vénérable Israëlite paré du sceptre & du diadême, vêtu des habits royaux, monté sur un superbe coursier *b*, richement harnaché, que conduit Aman par les rennes, & qu'on voit ici retenu par un palefrenier *c*, traverse la ville de Suze aux acclamations des Habitans. Il est escorté d'Ecuyers *d*, d'Officiers *e*, & de Cavaliers *f*, coëffés de casques à aigrettes voltigeantes *g*, portant en main des arcs, des carquois remplis de fleches, & ayant à la tête de leur Compagnie l'étendart de la garde du Roi *h*. Mardochée est précédé d'esclaves chargés d'un riche brasier où étoit le feu sacré, & d'un peuple innombrable qui, bénissant le Triomphateur, l'adore, se prosterne devant lui, tandis qu'Assuérus entouré de sa Cour, du haut de son Palais, ainsi qu'on le voit dans la Planche XIII ci-devant, contemple la somptuosité de la cérémonie. Dans cette peinture, parmi plusieurs beautés, on admire les expressions de Mardochée & d'Aman. Elles sont si vraies, si frappantes, qu'on peut en dire ce que Pausanias écrit de l'Hélénus de Polignote : on n'a pas besoin de l'inscription pour connoître que c'est Hélénus, fils de Priam. Nous ne rapportons ce trait que pour faire part aux Connoisseurs de la note de l'Abbé Gedoin à ce sujet, page 373 du 11 volume. Cet endroit nous apprend, dit le docte Traducteur, que dans cet Ouvrage, chaque figure principale étoit marquée par une inscription. C'étoit la Coutume des Peintres de l'ancien temps; & je ne puis croire que leurs tableaux en fussent défigurés, puisqu'ils faisoient & font encore l'admiration des Grecs &

des Romains, dont le goût pour la peinture valoit bien le nôtre. Un usage contraire a prévalu & fait souvent d'une belle tapisserie ou d'un tableau une énigme pour les regardans. Ces inscriptions donnoient d'abord l'intelligence du sujet, & mettoient le spectateur à portée de juger si chaque partie du sujet étoit bien exécutée. Nous abandonnons à la décision des Connoisseurs la façon de penser de cet Académicien : rentrons dans notre sujet. Dans les cérémonies générales des Perses, telles que le triomphe de Cyrus, outre les troupes nombreuses qu'on mettoit sous les armes, dont une partie étoit distribuée aux endroits où la pompe devoit passer, & dont l'autre marchoit à la tête du cortege ; outre la quantité de taureaux qu'on menoit par bandes pour être sacrifiés à Jupiter, & de chevaux blancs qu'on devoit immoler au Soleil ; outre le nombre de chariots à timon d'or, couronnés de fleurs & attelés de coursiers aussi lestes que vigoureux, paroissoit une foule de peuple empressée à jetter des parfums dans le Feu sacré, en adressant ses vœux au Prince, qui marchoit dans un magnifique char, après les Sacrificateurs & les victimes. A l'aspect de Cyrus, les Spectateurs éblouis par l'éclat de sa majesté & par la magnificence de la cérémonie, font retentir l'air de leurs cris de joie. Les jeunes gens sement des fleurs sur les pas du Roi, les vieillards battent des mains, les adolescens font raisonner le sistre & le tympanon ; chacun rend hommage au plus vaillant Souverain de la Perse. Ses Eunuques & ses Officiers au nombre de trois cens le suivent, le javelot en main. Après eux on mene deux cens chevaux de selle, empruntés de ses écuries, chacun ayant la housse d'écarlate en broderie & le frein d'or. Enfin cinq cens chariots dorés, rangés de quatre en quatre, la cavalerie Persane divisée en plusieurs corps de dix mille hommes chacun ; après elle, la cavalerie des Medes & celle des Alliés ferment la plus somptueuse des marches triomphales, qui se soient jamais faites dans l'Orient.

Fin du vingt-sixieme Cahier.

C.
B.
A.
F.
E.
D.

F
E
A
B
C
D
G

A.
B.
C.
D.
E.
F.
G.
H.
I.

F
D
E
A
B
C
G

A.
B.
D.
F.
I.
E.
G.
O.
L.
N.
H.
P.
M.
K.
C.

.A.
.C.
.D.

.B.
.E.

.B.
.A.
.C.
.F.
.D.
.I.
.K.
.G.
.E.
.G.
.H.

K.
L.
I.
H.
P.
A.
G.
Q.
F.
M.
E.
D.
B.
O.
N.
C.

A.
H.
G.
F.
E.
B.
D.
C.

COSTUME

DES ANCIENS PEUPLES.

SECONDE PARTIE.

USAGES CIVILS ET MILITAIRES DES SCYTHES, DES AMAZONES, DES PARTHES, DACES, SARMATES ET AUTRES PEUPLES, TANT ORIENTAUX QU'OCCIDENTAUX.

VINGT-SEPTIEME CAHIER.

EXPOSITION PRÉLIMINAIRE.

LES Nations barbares dont nous entreprenons de retracer les vêtemens, les armes & quelques ufages particuliers, ne nous font la plupart connues que par ce qu'en difent Hérodote, Xénophon, & par ce que nous en ont tranfmis les Colonnes Trajane, Antonine & Théodofienne. Deux réflexions à ce fujet préviendront le Lecteur, 1°. que les Peuples de l'Orient & de l'Occident étant très-nombreux, & qu'étant vêtus, armés à peu-près de la même maniere, nous ne ferons mention que des plus renommés, dont les armures & les acoutremens préfentent quelques fingularités diftinctives ; 2°. que ces Nations n'étant parvenues à notre connoiffance que par les guerres qu'elles ont faites ou effuyées, nous ne faurions entrer dans prefque aucuns détails fur leurs ufages religieux ni domeftiques. Au défaut de monumens propres à remplir ces objets, au défaut de gravures, nous

Part. II.   M

rapporterons en paffant quelques récits analogues à ces ufages , rares
même dans les Hiftoriens.

Pour donner une idée générale des vêtemens & des armes de la plupart des Peuples, tant Orientaux qu'Occidentaux, nous plaçons ici la def-
cription des troupes de Xercès marchant aux Termopiles , extraite du
Léonidas, de *Glover* (*). Dans cet ouvrage, qui réunit le feu du génie
à des vérités hiftoriques, également curieufes, intéreffantes & inftructi-
ves, voici comment le Traducteur François s'exprime :

A peine Xercès eut-il manifefté fa volonté , que l'on entendit le
bruit de fes chevaux. Son char d'ivoire , foutenu fur des roues d'argent , brille de l'éclat de toutes les pierres précieufes. Un aigle d'or
bruni éleve fa tête derriere le char , & étend fes ailes éclatantes fur la
tête du Monarque. Huit courfiers blancs traînent ce char magnifique : pleins d'une noble fierté, ils bondiffent à fon arrivée , & la
vivacité de leur mouvement agite leur fuperbe criniere.

Le Roi monte fur fon char ; Démarate s'affied à côté de fon mar-
chepied ; le hardi Patiramphes tient en main les rênes dorées. Du haut
de fon char , Xercès découvre la perfpective brillante de ces innombrables files de Soldats & de charriots à faulx, qui , traînés par des
chevaux fuperbes , couverts des plus fomptueux harnois , font trem-
bler le terrein fur lequel ils roulent. Chaque troupe déploie fes étendards ; le foleil répand au loin l'éclat de leur riche broderie ; de toutes
parts brille le feu que jettent les cafques, les tiares , les boucliers &
les lances.

Les Perfes , vêtus de leurs corcelets écaillés en or , font les premiers
qui s'offrent à la vue. Leur corps eft endurci aux plus rudes travaux ;
à tirer l'arc, à lancer la javeline, & à manier les chevaux les plus fou-
gueux. Mais n'étant pas accoutumés à combattre avec ordre, & à
garder leur rang , ils ne peuvent combattre qu'avec défavantage contre la Phalange des Grecs, parfaitement difciplinée. Ils n'oppofent à
fes boucliers maffifs & à fes pefantes piques , qu'un très-petit écu &
qu'une lance foible. Les têtes des Perfes font ornées de tiares impé-
nétrables , femblables à des tours. Tout brille d'or dans ces troupes ,

---

(*) Poëme traduit de l'Anglois , premiere Partie , Livre troifieme.

jufqu'à leurs chauffures & aux rênes de leurs chevaux. Sur leur cuiffe pend un poignard , & fur leurs épaules un carquois rempli de fleches ; leurs arcs font d'une force extrême & d'une énorme grandeur.

Auprès d'eux on voit les Medes , les Ciffiens & les Hircaniens avec les mêmes armes. On voit enfuite briller les cafques de cuivre des Affyriens , ouvrage groffier de ces Peuples barbares. Leur corps n'eft défendu que par un tiffu de lin épais & ferré ; leur bras eft couvert d'un bouclier ; un fabre pend à leur ceinture , & chaque Soldat porte une maffue toute couverte de fer.

Près des Affyriens font les Bactriens. Leur équipage eft femblable à celui des Perfes , avec la feule différence que leurs javelines font plus courtes , & leurs arcs ne font que de canes. Enfuite paroiffent les Paricaniens armés de cimeterres , de poignards, d'arcs , & couverts de peaux d'ours toutes velues qui les rendent hydeux.

On trouve enfuite les Indiens, qui lancent avec des farbacanes leurs petites fleches de rofeaux. Ces guerriers brillent des plus riches parures qui naiffent dans leur propre pays. Leurs oreilles font ornées de pendans magnifiques , & les bracelets qui entourent leurs bras étincelent du feu des pierres les plus précieufes.

Telle étoit l'infanterie de Xercès. Le rivage étoit couvert de gens montés fur des chariots & fur des chameaux.

Les Parthes paroiffent les premiers. Avec eux font les Sogdiens , les Dadices , les Gaudariens équipés comme les Bactriens. L'arc , le fabre & la hache pefante arment ces barbares Légions ; un cafque aigu s'éleve en pointe fur leurs têtes. Près d'eux font les Sarangues , dont les armes font femblables à celles des Perfes ; leurs habits font teints des plus vives couleurs. Enfuite les Pactiens , les Mitiens & les Utiens armés de poignards & d'arcs faits de rofeaux, effrayans par leurs habits de peaux de chevres : plufieurs avoient des peaux de loup.

Non loin on voit fe préfenter en bon ordre les Ethiopiens, couverts de dépouilles tachetées de léopards, de pantheres ou de lions. Leur teint eft brûlé du foleil & leurs cheveux font crépés comme des flocons de laine. La pointe de leurs fleches eft d'une pierre extrêmement dure ; leurs arcs , d'une prodigieufe longueur , font faits de fortes branches

M ij

de palmiers ; leurs lances garnies de cornes de chevres , & leurs maſſues renforcées de fer.

On voit parmi ces troupes des Soldats armés à la légere , dont les caſques ſont faits de pluſieurs pieces jointes avec adreſſe. Ils ſe ſervent de dards , de boucliers, de poignards & de petites lances. Chaque Soldat porte deux javelots. Ils ceignent leur épée autour d'une veſte de laine. Un aſſemblage de peaux velues couvre leurs boucliers ronds & légers. Les Paphlagoniens , les Phrygiens, les Lydiens ſont joints aux troupes de la Méonie , ainſi qu'aux Myliens, dont un caſque, un petit bouclier , des javelines de bois durci au feu, ſont les armes.

Près de ceux-ci paroiſſent les Thraces. Des peaux de renards leur ſervent de caſque ; leurs boucliers ſont en forme de croiſſant ; leurs mains ſont armées d'un dard & d'un petit poignard, une camiſole légere & courte ſerre leur corps , un manteau, teint de diverſes couleurs, flotte ſur leurs épaules. D'autres Thraces portent des caſques brillans, ornés dans la partie ſupérieure de cornes d'airain, ſemblables à celles des taureaux ; leurs mains ſont armées de l'épieu, avec lequel ils chaſſent le ſanglier dans les forêts.

On voit encore les Myliens , dont les vêtemens ſont attachés avec une agraffe ſur leur vaſte poitrine ; les uns ſont armés de javelines , les autres d'arcs de Lycie. Les Légions des Mariens s'offrent enſuite , armées de boucliers couverts de peaux d'aigles , de dards d'ébene & de bonnets formés d'un tiſſu fort & ſerré. Les Tibareniens ont des caſques de bois , de petits boucliers & des lances dont les hampes ſont d'une exceſſive longueur.

Les Lybiens , montés ſur leurs chars à faulx , ſont placés enſuite : leur air eſt terrible. Ils ſont vêtus de peaux & armés de dards de bois endurci dans les flammes ; leurs arcs ſont grands. Sur leur veſte magnifique flotte négligemment un manteau agraffé ſur leurs épaules. Vingt-mille d'entr'eux montent le dos élevé des chameaux. Ainſi finit la deſcription du Poëte Anglois.

Ajoutons à cet extrait quelques particularités hiſtoriques rapportées par Xénophon , Hérodote, Plutarque , & paſſées ſous ſilence par Glover.

Les Egyptiens , diſent les Hiſtoriens Grecs, portoient des caſques

en forme de tiares, dont le haut étoit divisé en deux, & des boucliers profonds, dont la convexité du milieu étoit fort relevée ; on en
trouvoit aussi chez eux de fort longs, à forme irréguliere, qui les couvroient depuis les pieds jusqu'aux épaules. Ils étoient armés de grandes
haches, de lances & de courtes épées.

Les Lyciens avoient des cuirasses, des botines, des carquois sur
leurs épaules couvertes de peaux de chevres, & sur la tête des bonnets enrichis de plumes. Ils combattoient avec des dards, des
fleches sans ailerons, des épées & des faulx.

Les Arabes coëffés de cheveux liés avec des rubans, alloient demi-
nuds, armés de grands arcs & de lances fort longues.

Les Phéniciens, les Soniniens & plusieurs Nations voisines du Péloponese, accoutrés à la Grecque, combattoient avec des haches,
des faulx & de larges épées, qui avoient trois coudées de long.

Les Perses portoient des tuniques à manches écaillées avec de larges
brayes, de petits boucliers en forme de rhombe, & des casques en façon
de tiares. Les principaux de l'armée avoient une cuirasse en écailles
d'or, surmontée d'une tunique de couleur rouge.

Les Cyssiens, au lieu de tiares, étoient coëffés de mitres ornées
de bandelettes, dont ils ceignoient leur front & enchaînoient leurs
cheveux.

Les Saces, peuples de la Scythie, avoient des casques qui s'éle-
voient en pointe : ils portoient des haches à deux tranchans, nommées
sagaris.

Enfin les Ethiopiens alloient coëffés avec la dépouille d'une tête
de cheval, dont les oreilles étoient dressées : la criniere leur servoit
d'aigrette. Leurs boucliers étoient couverts de peaux de grues, &
leurs lances garnies de cornes de chevres, en forme de fer de javelot.

Avant que de passer à l'explication des planches, où nous avons
réuni la plus grande partie de ces singularités, disons un mot de la
maniere, dont presque tous ces Peuples & sur-tout les Barbares du
Nord faisoient leurs sacrifices. On présente, dit l'Abbé Banier, la victime ayant les deux pieds de derriere liés ensemble ; celui qui doit
l'immoler ôte sa tiare, frappe la bête, lui met une corde au col qu'il
serre avec un baton, & la traîne jusqu'à ce qu'elle soit étranglée. Après

l'avoir dépouillée, on sépare les os de la chair, on la met dans une chaudiere, espece de grande coupe; & avec les os qu'ils allument (le bois étant très-rare chez eux), ils la font bouillir jusqu'à ce qu'elle soit cuite. Quand ils n'ont point de chaudiere, ils mettent la chair dans le ventre de l'animal, & la font ainsi cuire. Le Sacrificateur finit par jetter à terre une partie des chairs & des entrailles, comme les prémices du sacrifice : les assistans consument le reste. Les victimes ordinaires sont des bœufs, d'autres animaux, mais principalement des chevaux.

PLANCHE I.

ON regarde les Peuples de la Scythie comme les plus inhumains de tous les Barbares. Ils l'étoient jusqu'à manger leurs plus proches parens, non-seulement après leur mort, ce qui étoit ordinaire, mais encore tout vivans, lorsqu'ils approchoient de la décrépitude ; à écorcher tous les Prisonniers faits en guerre, à se vétir de peaux humaines, à en faire des housses à leurs chevaux, à décorer leurs cabanes de têtes coupées *a*, & à boire dans leurs cranes ensanglantés. Ces monstres, dont on pourroit dire ce qu'un de nos Modernes rapporte des Sauvages du Mexique, lors de la conquête de Cortès, massacroient religieusement & de sang froid leurs semblables au pied des autels, en jettoient avec cérémonie le cœur palpitant au nez d'une Idole, en servoient les membres sur table, & le sang au buffet, tapissoient les Temples de leurs peaux, & ornoient les frontispices de leurs ossemens. Ces sortes d'animaux féroces, trop indignes du titre d'hommes, les Mexiquains comme les Scythes, particuliérement ces derniers, avoient en usage de s'ajuster de maniere à jetter la terreur dans l'ame de leurs ennemis (*) ; ils se coëffoient de dépouilles de cheval *b*, de lion *c*, ou de tiares d'airain *d*, & se faisoient des chaperons, des manteaux *e*, avec des peaux de bouc, de tigre, de pantere, de léopard, qui recouvroient quelquefois de fortes jaques à écailles *f*, & souvent leur corps tout nud *g*. Leurs armes étoient le poignard *h*, la hache *i*, le grand javelot *k*, l'arc, le carquois *l, l*, la massue *m*, la

---

(*) On peut consulter mes *Recherches historiques sur les casques & quelques vêtemens des Anciens*, imprimées dans le Mercure de Janvier 1764, & chez Prault, quai de Gevres.

lance à double fer *n*, le coutelas & le cimeterre *o*. Quoiqu'ils euffent
des boucliers de toutes les fortes *p*, *q*, ils fe fervoient de dépouilles
d'animaux ou de peaux humaines qu'ils tortilloient au tour de leur
bras pour parer les coups : tels étoient leurs pavois & leurs targes.
Les Scythes adoroient Mars, & faifoient en fa faveur des facrifices,
dont les cérémonies étoient auffi fingulieres que barbares. Ses Temples
(ce Dieu feul en avoit) étoient conftruits des fagots de farment mis
les uns fur les autres. D'un côté, le mur s'élevoit intérieurement en
talus, de forte qu'on pouvoit y monter par-là. Au faîte de l'édifice
qui étoit fort long, très-large, mais peu élevé, étoit placée une vieille
épée de fer qu'on regardoit comme la ftatue de Mars, & à laquelle
on immoloit tous les ans quantité de moutons & de chevaux. Enfuite on lui facrifioit le centieme de tous les prifonniers de guerre :
voici comment. Après avoir verfé du vin fur la tête de ceux qui de-
voient être immolés, on les mettoit dans un grand vaiffeau, où on
les égorgeoit ; & les portant enfuite au haut du Temple, on verfoit
leur fang fur l'épée. Cette cérémonie étoit fuivie d'une autre qui confiftoit à defcendre ces victimes infortunées, à leur couper l'épaule droite,
le bras, la main, & à jetter en l'air ces parties féparées : chacun
fe retiroit enfuite, laiffant les membres dans l'endroit où ils étoient
tombés.

Planche II.

Il y avoit des Scythes en deçà le Mont-Imaüs, qui étoient, dit-
on, moins féroces que ceux de de-là ce Mont. Cependant on rapporte,
parmi plufieurs de leurs traits qui tiennent de la cruauté, que l'un
d'eux fit crever les yeux à fes efclaves, afin que rien ne pût les dif-
traire de battre fon lait. Le vêtement de ces Peuples étoit en effet
moins barbare que celui des Scythes d'en-delà l'Imaüs. Il confiftoit en
un corcelet *a* ceint fur l'eftomac d'une large bande de cuir *b*, un tonnelet *d* & des botines fimples où tenoit le fcarpin *e*. Quelques-uns portoient des camifoles écaillées en fer *f* fur une tunique à courtes manches *g*, & des tonnelets *h* : ceux-là étoient chauffés de brodequins &
de fandales *i* ; d'autres furmontoient leurs cafques de longues plumes *k*, en guife d'aigrettes fur l'oreille. Souvent leur tunique fans manches qui defcendoit jufqu'au milieu de la jambe *l*, étoit retrouffée &

M iv

ceinte d'une lame d'airain fous un couffinet pofé à l'endroit de l'eſtomac *m*. La plupart alloient fans chauſſure *n*, armés de la hache *o*, de la lance *p*, du carquois *q*, de l'arc *r*, & du bouclier *s*, *s*. La façon dont ils contraîtoient leur alliance eſt trop finguliere pour n'en pas faire mention : d'autant, qu'à peu de chofe près, elle étoit commune à tous les Barbares. Ils répandoient du vin dans un grand vafe de terre, frappoient d'un couteau, ou faifoient quelque incifion avec leur glaive fur le corps de ceux qui contraîtoient ; & après avoir mêlé leur fang avec le vin, ils y trempoient leurs fleches, leurs haches & leurs javelots. Ils m audiſſoient enfuite les Parjures, & faifoient des imprécations contre ceux qui romproient l'alliance ; buvoient de ce vin, & en faifoient boire aux principaux témoins qui les avoient accompagnés. C'eſt ainfi, dit Saluſte, que les Romains en ufoient envers les confpirateurs. Catilina diſtribua à fes complices un breuvage de vin mêlé de fang, afin qu'ils fuſſent plus fideles les uns aux autres.

PLANCHE III.

Si l'on s'en rapporte au témoignage de Rubens, les Maſſagetes portoient à la Cour de Thomyris leur Souveraine, des efpeces de redingotes doublées de fourrures *a*, qui, recouvrant leur tunique, laiſſoient à peine entrevoir la ceinture d'où pendoit un riche cimeterre *b*. Ils étoient coëffés de bonnets à haute bordure de poil *c*, ou en forme de calotte, que furmontoient de longues plumes fixées fur l'oreille par un rubis *d*. Des botines à demi-renverfées fur la jambe, & terminées par des fouliers, formoient leur chauſſure *e* ; ajuſtement, qui, pour le remarquer en paſſant, reſſemble à celui des anciens Perfes (*) *f*, mais que Rubens a confidérablement enrichi. Thomyris *g* eſt vêtue, comme toutes les Reines connues ; fon diadême, fes perles, fon voile, fes riches étoffes, tout répond au caraîtere & à la dignité de fon état. Nous nous bornerons à confidérer le couvre-tête, également commode, riche & fingulier, qui fert à une de fes fuivantes, tout à la fois, de coëffure, d'ornement & de parafol *h* : telles font à-peu-près

---

(*) Voyez la Figure *c* de la Planche 26.

les caleches de nos Dames. Le Page *i* qui releve le manteau de la Reine, n'eſt ici tracé que pour donner une idée de la magnificence des étoffes *k*, connues alors chez les Peuples les plus barbares.

Les grands Peintres n'ont rien fait de beau que par imitation, & à cet égard Rubens dans tous ſes ouvrages s'eſt ſupérieurement diſtingué. Il trouvoit dans la nature les modeles de tout ce qu'il peignoit ; & par un privilége du génie, il y voyoit le goût : c'eſt-à-dire, l'eſprit, le caractere que la nature avoit imprimés à chaque objet, & rendoit tout avec ſentiment. La maniere originale qu'il s'eſt faite ſur les regles locales du climat, des mœurs & du tempérament de la Nation, eſt tour à la fois l'exemple & la preuve, que ces regles locales influent ſur les divers goûts des Ecoles. En effet, le goût eſt aux arts ce que l'accent eſt au langage : on le contracte ordinairement par l'habitude, & on le perfectionne par la fréquentation. C'eſt ce qui peuple tous les jours l'Italie d'Artiſtes. Ils vont y prendre, ſuivant l'inſpiration de leur génie, les impreſſions du goût Romain, Lombard, Venitien, & viennent enſuite enrichir la France de beautés qui lui ſont étrangeres ; beautés cependant que le Sueur & Jouvenet ſe ſont appropriées ſans être ſortis du Royaume, & qui, jointes à celles que Bourdon, Pouſſin & le Brun nous ont tranſmiſes, ſuppléeront peut-être un jour à celles qui manquent encore à l'Ecole Françoiſe ; mais que l'heureux génie de la Nation lui donne eſpérance d'acquérir avec le tems ; pourvu que le goût du tems change & devienne plus favorable à la gloire des Arts.

PLANCHE IV.

Les Amazones, Nation fort guerriere, étoient venues de la Sarmatie ſur le Fleuve Thermodon en Capadoce. Ces femmes courageuſes ne recevoient point d'hommes dans leur ſociété ; mais elles ſe rendoient tous les ans ſur leurs frontieres pour y recevoir les careſſes de leurs voiſins, gardoient les filles dont elles devenoient enceintes, & rendoient les enfans mâles aux peres. Elles ſe brûloient la mamelle droite pour tirer de l'arc avec plus de roideur, & conſervoient l'autre pour la nourriture de leur fruit. L'Antique repréſente les Amazones vêtues d'une double tunique, dont la plus longue *a* ne deſcend que juſqu'aux genoux, & l'autre *b* qu'à l'endroit des reins. Ce vêtement fans manches leur laiſſe les bras , une partie du ſein & les jambes à nud. Elles ont une talonniere au pied gauche *c* : c'eſt-là toute leur chauſſure. Quoiqu'elles fiſſent uſage du caſque *d* , elles alloient ſouvent fans autre coëffure qu'un ruban qui enchaînoit leurs cheveux *e*. Quantité d'Auteurs prétendent qu'elles s'habilloient quelquefois de peaux des bêtes qu'elles tuoient à la chaſſe. Les armes des Amazones étoient l'arc *f* , les fleches *g* , & le carquois *h* , la lance *i* , la hache d'armes *k* , le cimeterre *l* , & le bouclier *m*. Elles ſe ſervoient de l'arc avec autant d'adreſſe & de vigueur que les Scythes & les Parthes les plus adroits & les plus forts. Dès l'âge de huit ans elles embraſſoient la profeſſion des armes. On trouve dans des monumens anciens des Amazones combattant à cheval *n* , *o* , avec le cimeterre & avec la hache , d'autres à pied. Celles-ci ſont la plupart bleſſées ou expirantes *p* , *q* , n'ayant pour toute défenſe qu'une pique ou un bouclier *r* , en forme d'écuſſon ; on en voit d'autres qui ſont armées de la hache à double fer *s*.

PLANCHE V.

Dans la bataille que les Amazones eſſuyerent ſur le pont de Troye contre les Grecs , pour les empêcher d'entrer dans cette Ville , elles combattoient indifféremment à pied & à cheval. Nous avons extrait, d'après Rubens , cette guerriere *a* qui, fuyant au galop, oppoſe le javelot aux attaques de ſon ennemi. Elle a le caſque en tête ; un demi-corſelet la couvre, & des brodequins font ſa chauſſure ; deux de ſes compagnes *b* qu'un Grec dépouille , ſont attérrées ſur leurs armes. On apperçoit au-devant de ce groupe une Amazone montée ſur un ſuperbe courſier, à qui une peau de bête ſert tout à la fois de houſſe, de croupiere & de poitrail *c, d*, menaçant de ſa hache d'armes *e* le Maſſagette qui la pourſuit ; ſon bouclier & ſon carquois ſont ſuſpendus à ſon baudrier *f*. La richeſſe de ſon ajuſtement , le bandeau dont elle a le front ceint , font penſer à quelques Savans , que c'eſt là Marthéſie, cette premiere Reine des Amazones ; qui, après avoir engagé ſes compagnes à ſe retirer de la domination des hommes , étendit ſes conquêtes le long des rives du Thermodon. Argapiſe s'oppoſa à ſon paſſage : mais il fut vaincu. Marthéſie fit priſonnier ce Roi des Maſſagettes,

& s'en étant rendue amoureufe , pour ne point violer ouvertement
les loix qu'elle avoit faites elle-méme , elle fe détermina à l'époufer
en fecret.

Planche VI.

Les Parthes *a, a*, & les Daces *b, b*, étoient à peu près vêtus &
armés de même (*). Ils portoient fur leur courte tunique un candis,
efpece de manteau frangé, de larges braïes qui defcendoient jufqu'aux
talons, & des fouliers d'un cuir fort mince. Ils combattoient fouvent
nue tête, n'ayant qu'une bandelette pour contenir leur chevelure.
Leurs épées étoient en façon de faucille *c*, & leurs boucliers ovales fe
diftinguoient de tous les autres par des ornemens qui leur étoient particuliers *d, d*. Leur bonnet, quand ils fe coëffoient, ce qui leur arri-
voit rarement, étoit en forme de Corno-Phrigien *e, e*, dont le bout
fe replie en devant ; ils portoient auffi des cafques reffemblans à ceux
des Sarmates, tels qu'on les voit ici à ces archers *f, g* d'une Nation
voifine des Daces, que Trajan avoit pris à fa folde. Cet Empereur,
qui comptoit beaucoup fur la valeur des Barbares, avoit auffi pour
troupes auxilaires des Germains *h*, qui combattoient avec la maffue,
fans coëffure, nuds depuis la ceinture en haut, & n'ayant pour tout
vêtement & pour toute chauffure que des braïes qui les couvroient de
la ceinture en bas. Tous ces Peuples arboroient le Dragon volant *i, k*
dans leurs principales enfeignes. Ils en faifoient un fignal de noces en
couronnant le Dragon de fleurs, & le préfentoient à leur prétendue
quand ils fe marioient ; à quoi ils ne manquoient jamais, dès que la
guerre leur laiffoit quelque peu de loifir. Ils époufoient autant de fem-

---

(*) La plûpart des Peuples du Nord notamment les Daces, connus anciennement fous
le nom de Getes, avoient une extrême vénération pour Zamolxis leur légiflateur, & lui
rendoient un culte religieux. Ils l'envoy ient confulter tous les cinq ans Un d'entr'eux
étoit choifi au fort pour lui expofer leurs befoins. Hérodote nous apprend la cérémonie cruelle
& bizarre qu'ils faifoient à cette occafion. On donne la charge à quelques-uns, dit l'Hiftorien Grec, de tenir trois javelines droites ; d'autres prennent par les pieds & les mains
celui qui a été choifi pour être député à Zamolxis, & le jettent en l'air pour le faire tom-
ber fur le fer des javelines. S'il y tombe, & qu'il en meure, ils s'imaginent que le Dieu leur
eft favorable ; & s'il n'en meurt pas, ils lui font des reproches, lui difent des injures, &
l'affurent qu'il eft un méchant : après quoi ils députent un autre d'entr'eux, à qui ils donnent les mêmes ordres, fans le faire paffer par la même épreuve.

mes qu'ils vouloient; mais n'en époufoient aucune, qui, à l'ufage des filles Sarmates, n'eût tué un de fes ennemis. Les Barbares qui mouroient dans le célibar, n'avoient d'autre fépulture à efpérer que le ventre des vautours & des chiens; les mariés pouvoient prétendre à être enféveiis, à l'exemple des Scythes, dans les entrailles de leurs femmes ou de leurs amis, qui les mangoient, non-feulement après leur mort, mais encore tout vivans, quand ils étoient très-vieux, ou qu'ils étoient foupçonnés d'avoir une maladie incurable.

Planche VII.

On expofe ici trois Daces prifonniers *a*, *b*, *c*, ayant les mains liées derriere le dos *d*, comme on le pratiquoit à l'égard des gens du commun : on les lioit devant l'eftomac aux perfonnes de diftinction. Auprès de ces captifs fe voit une balifte à lancer des dards *e*, traînée par des chevaux *f*. Les deux Cavaliers Daces qui galoppent à bride abbatue *g*,*h*, ont l'ajuftement, la coëffure, les armes, les chevaux femblables à ceux des Parthes; cependant leurs candis *i*, *k*, ne font pas frangés : c'eft par-là feul qu'ils en différent. Le Dace *l* qui demande quartier à fon ennemi prêt à le percer de fa lance, & l'autre étendu mort *m*, font des Fantaffins qu'on voit vêtus, coëffés, armés comme les Cavaliers. Les boucliers, les cafques, les maffues, les haches d'armes, les lances, les arcs & les javelots entaffés *n*, *o*, *p*, *q*, indiquent que toutes ces armes leur étoient propres, ainfi qu'aux Parthes & aux Germains.

Planche VIII.

Regulus, Roi des Quades *a*, le front ceint du diademe, les mains liées devant l'eftomac, ainfi que nous venons de dire qu'on le pratiquoit à l'égard des Prifonniers de confidération, eft conduit en captivité. Sa femme *b* l'accompagne, fes filles *c* le précedent; il eft fuivi de fes Pages *d*, prifonniers comme lui. L'Hiftoire nous apprend, que tant que les Romains furent en guerre avec les Peuples de la Germanie & les Barbares du Nord, Antonin & Trajan ordonnerent qu'on plaçât dans différentes Villes de la Grece les ftatues en bronze des Rois, des Reines & des principaux Militaires qu'on faifoit prifonniers.

Celles de Régulus & de sa famille, furent mises dans le Céramique d'Athenes ; mais elles n'y resterent que pendant la vie de ces Empe_ reurs. Après leur mort, elles furent transportées au Temple de Miner- ve, où les Athéniens les consacrerent à la Déesse. Le Céramique étoit un des plus considérables quartiers de la Ville : il étoit ainsi appellé , parce que l'on y avoit fait de la tuile , qui en grec se nomme *ceramos* ; c'est ainsi qu'à Paris le Palais & le Jardin des Tuileries portent ce nom , parce qu'en effet , c'étoit-là autrefois la place d'une tuilerie. Chez les Peuples de l'ancienne Germanie, lorsqu'on demandoit une grace , on rejettoit son manteau sur l'épaule *e*, & l'on pressoit la main sur la poi- trine, pour exprimer le desir qu'on avoit d'obtenir ce qu'on demandoit. Un Quade attérré par ses blessures , a couvert d'un candis son corps à demi-nud *f*.

PLANCHE IX.

Voici des troupes légeres, Quades, Marcomans, Germains *a.b*, tous Peuples de la même Contrée , coëffés , vêtus , armés comme les Par- thes & les Daces, à l'exception des frondes *c*, dont la plupart d'entr'eux ne faisoient pas usage. On fait pourtant que les Sédusiens , Peuples de cette même Germanie , apprirent des Romains, contre qui ils se révolterent souvent , à se servir de frondes, & devinrent par des dis- positions naturelles , aussi adroits frondeurs que leurs ennemis. Ces es- carmoucheurs portoient des pierres dans leurs candis ; ils avoient pour tout vêtement de longues braïes où tenoit leur chaussure *d,d* ; le haut du corps étoit nud. Ils étoient ordinairement précédés d'archers , dont le soin étoit d'atteindre avec leurs fleches les ennemis qui échappoient aux coups de pierres. Le Marcoman *e*, qui expire sur son Coursier abbatu, & au secours de qui sa femme *f*, ses enfans *g* viennent trop tard, désigne par son arc *h*, que ces Peuples avoient dans leurs troupes légeres des ca- valiers chargés, comme les fantassins, d'arceler l'ennemi avec les fleches & les dards.

PLANCHE X.

Cette portion de trophée *a* , *b* , *c*, formée des dépouilles des Ger- mains , réunit le bonnet de poil , la gausape de peaux de bêtes , les boucliers ovales & octogones, la hache d'armes & le dragon dont ces

Peuples faifoient ufage : leurs Officiers *d* étoient armés de la lance, &
vêtus plus noblement. Ils faifoient porter à la tête des cohortes le La-
barum *e*, qu'ils avoient emprunté des Romains, avec qui ils furent
long-tems en guerre ; mais ils conferverent aux Porte-étendards le
vêtement de la Nation, qui confiftoit en un candis & des braïes, ayant
les bras & l'eftomac nuds *f*. On remarque que les Peuples de la Germanie ne dirigeoient leurs chevaux *g, h, i*, que par les mouvemens du
genoux ; les brides n'étoient ufitées que chez quelques Marcomans.

PLANCHE XI.

LE Cavalier *a*, qu'on voit en converfation avec une femme Sarmate, eft un de ces Hérauts Négociateurs que Trajan adreffoit aux
Barbares, lorfque voulant les affoiblir les uns par les autres, il les
prenoit alternativement à fa folde. L'Officier, chargé de cette com-
miffion, porte ici, fuivant l'ufage, les armes *b*, du Peuple à qui
les Romains en vouloient (c'étoit aux Daces qui combattoient avec la
hache & la maffue),& les préfente à une héroïne Sarmate *c*, qui mon-
tre au nom de la troupe auxiliaire, les armes *d,e* dont on fe fervira pour
aider l'Empereur à vaincre ces ennemis communs. Des chevaux caparaçonnés à la Sarmate (*) *f,f* font déja prêts pour l'expédition ; un Page
Romain *g* les defigne au Cavalier des troupes légeres *h*, qui a fuivi
l'Officier négociateur. La pyramide *i* eft un fymbole de l'immortalité
que Trajan s'eft acquife par cette politique.

PLANCHE XII.

ON trouve dans ce groupe *a*, extrait d'après le triomphe de Sigif-
mond, dont Jules-Romain a décoré le Palais du T à Mantoue, la re-
préfentation de plufieurs ouvriers Germains *b*, *c*, chargeant un cha-
meau, de balots & de caiffes pleines d'outils, indifpenfables à la fuite
d'une armée. L'animal vigoureux *d*, accoutumé au fervice, plie fes
genoux fous le ventre, & prête docilement fes boffes pour recevoir le
fardeau le plus lourd ; tandis qu'un mulet *e* à fes côtés porte avec peine

---

( ) Voyez le vingt-huitieme Cahier, Planche III.

quelques provifions pour l'avitaillement des manœuvres. Non loin paroît le Chef de ces Ouvriers *f*, donnant fes ordres de toutes parts, tenant d'une main le bouclier en forme de tuile à canal *g*, une lance de
l'autre, & montant un cheval harnaché à la Romaine *h*. Quantité
de chameaux, qu'on a fait venir du fond de l'Afie, conduits par des
efclaves Africains, fervent, avec d'autres bétes de fomme, à porter
les provifions néceffaires à la fubfiftance des troupes. On voit dans le
fond un détachement de Cavalerie Germaine *i*, *k*, avec fes coëffures
bizarres, fes fignaux militaires, & une de ces armes que nous n'avions
point encore rencontré : efpece de fléau *m* compofé d'une boule d'airain fufpendue au bout d'un lévier par une chaîne, qui fervoit à retirer
la boule après avoir frappé le coup. Sur le devant font plufieurs outils de Forgerons *n*, *o*, Charpentiers, Conftructeurs, &c. que porte-
ront d'autres chameaux, quand ceux que l'on charge feront en marche.

Cet ouvrage de Jules-Romain, ainfi que celui d'André Mantinea,
dont nous avons fouvent fait mention, notamment dans le quinzieme
Cahier, Pl. IV, eft un de ces Arfenaux pittorefques, où font réunies
plufieurs fortes d'armes, de machines de guerre, d'exercices, d'étendards
militaires, de vêtemens ufités chez les Anciens. Nous eftimons que la
connoiffance de ces richeffes de Coftume eft non-feulement intéref-
fante pour les curieux, mais encore abfolument néceffaire aux Artiftes.
Nous nous croyons obligés de leur indiquer ces collections capitales,
pour les mettre à portée de travailler à la perfection de leurs talens,
en réuniffant dans leurs ouvrages la plus grande quantité poffible de
parties effentielles à leurs Arts. C'eft ainfi qu'à force de recherches
& d'acquit, faifant toujours des progrès à raifon de leur application
à l'étude, ils parviendront aux différens périodes de mérite pour lef-
quels ils font nés, & où leurs efforts les conduiront.

Quoique, d'après la penfée d'Horace, Defpréaux ait dit :

, ... Sur le Mont facré
Qui ne monte au fommet, tombe au plus bas degré.

Loin d'admettre le vuide que le Satirique François admet entre l'excellent & le déteftable, nous penfons, d'après Longin, que de l'a-
mour du travail naît le degré de perfection dont chacun eft plus ou
moins capable ; & que le defir de fe diftinguer, joint aux peines prifes

avec chaleur pour reuſſir, valut à bien des gens à talens les différentes illuſtrations qu'ils ont obtenues, dans les Faſtes des Arts. On a toujours vu dans les productions du génie quantité de nuances entre le ſublime & le médiocre, comme entre le médiocre & le mauvais : terme fâcheux où conduiſent imperceptiblement le goût pour les douceurs d'une répution aiſée, d'un ſuccès utile, mais paſſager, & le mépris ou l'indifférence pour les pénibles prétentions aux honneurs de l'immortalité. Ces conſidérations ſont bien capables d'élever le génie & d'animer les recherches, l'application, les efforts de tous ceux, qui fortifiant par l'étude les heureux talens dont la nature les a doués, ont la noble ambition de devenir la gloire de leur ſiecle, & le déſeſpoir de leurs envieux,

Fin du vingt-ſeptieme Cahier.

A
B
C
D
E
E
F
G
H
I
K
L
N
P
Q
R
S

.K.
.B.
.A.
.G.
.Q.
.P.
.M.
.D.
.H.
.L.
.I.
.R.
.E.
.O.
.N.

C.
D.
G.
H.
F.
B.
A.
I.
E.
K.

.L.
.E.
.F.
.Q.
.N.
.G.
.H.
.I.
.P.
.B.
.M.
.K.
.A.
.R.
.S.
.O.
.D.
.C.

A
B
E
C
D

B.
E.
B.
E.
G.
F.
C.
A.
H.
D.
I.
D.
B.
C.

.A.
.B.
.C.
.D.
.E.
.F.

A.
B.
C.
D.
E.
F.
G.
H.
I.

I
H
G
F
F
A
B
D
C
E

COSTUME

DES ANCIENS PEUPLES.

SECONDE PARTIE.

USAGES CIVILS ET MILITAIRES DES SCYTHES, DES Amazones, DES PARTHES, DACES, SARMATES ET AUTRES PEUPLES, TANT ORIENTAUX QU'OCCIDENTAUX.

VINGT-HUITIEME CAHIER. *PLANCHE I.*

CE font ici des Légats que la Dacie envoie à Trajan , pour lui demander la paix. Ils lui amenent pour ôtage le redoutable Parthe *a*, un des plus valeureux de leurs alliés, que l'Empereur avoit exigé d'eux. Ce captif foulant aux pieds un bouclier Romain , eſt placé ſur la même berge avancée que les vaincus terraſſés, qui, par leurs ajuſtemens Parthe & Dace, déſignent la ligue que ces peuples avoient faite alors contre les Romains. On voit un de ceux-ci *b*, expirant auprès de leurs ennemis. Tout confondu qu'il paroit avec eux , ſon caſque, ſon bouclier fait en tuile à canal *c*, qui ſe trouve ici loin de lui, ſes épaulettes , le déſignent auſſi ſenſiblement que ces autres boucliers ovales *d*, *d*, les coëffures, les tuniques & les candis *e*, noués ſur l'épaule, indiquent les Barbares. La ſeule particularité qui pourroit répandre quelque obſcurité au ſujet de ces derniers, c'eſt qu'ils combattent avec des épées qui leur ſont étrangeres *f*, & qui même appartiennent à leurs ennemis. Mais on n'en ſera point étonné, quand on conſidérera que , dans une action , ſouvent les guerriers ſe déſarment les uns les autres ; &

Part. II.   N

qu'il eſt auſſi poſſible qu'un Dace combatte avec l'épée d'un Romain,
qu'il eſt poſſible qu'un Romain combatte avec l'épée d'un Dace, ſur-
tout quand il y a eu dans les deux partis bien des morts & bien des
bleſſés ; ce qui dans une bataille ne ſauroit être autrement. Revenons
aux Légats. Leur chef *g*, eſt également diſtingué par la hauteur de ſon
maintien, la fierté de ſon regard, par ſon ample candis à franges *h*,
ſigne de la dignité dont il eſt revêtu. Ses collegues *i*, *k*, ont les tuniques *l*, les braies étroites où tient la chauſſure *m*, les mêmes que
leur chef ; mais ils n'ont pas un auſſi riche manteau. On peut ajouter
qu'ils n'ont pas des expreſſions auſſi décidées, & qu'ils paroiſſent écou-
ter plus politiquement que lui les propoſitions de l'Empereur. Les plus
âgés firent d'abord des remontrances ; mais après quelques légeres
obſtinations ſur leurs privileges, ils accepterent tous, avec une égale
docilité, les conditions que Trajan voulut leur impoſer. Ce Prince qui
avoit écrit au Sénat, que jamais aucun homme de bien ne ſeroit mis à
mort par ſon ordre, renvoya l'otage ſur ſa parole, pardonna aux rebelles, & ne preſcrivit rien à la Dacie qui fût trop humiliant ni trop
onéreux à une Nation redoutable, quoique vaincue, avec laquelle il
ſe propoſoit de s'allier contre divers ennemis communs.

PLANCHE II.

PARMI les Envoyés que Decebale, Roi des Daces, adreſſe à l'Empereur Trajan, on diſtingue des coëffures & des vêtemens ſinguliers.
Le principal Ambaſſadeur *a*, eſt paré d'un candis, ſur une tunique juſte
au corps, où tiennent les braies avec la chauſſure, & couvert d'un
ſimple bonnet. Il eſt ſuivi de deux interprêtes *b*, *c*, pareillement vêtus, mais coëffés de tiares applaties par le haut, & accompagné de
deux Officiers *d*, *e*, ajuſtés de corſelets à larges bandes, avec des eſ-
peces de juppes qui tombent juſqu'aux talons. Un troiſieme *f*, eſt
coëffé à la Phrygienne, les deux autres ſont nue tête. Suivent le Se-
crétaire *g*, appuyé ſur un long ſcrinium *h* : & l'Ecuyer *i*, qui tient le
cheval du premier Envoyé : cet Ecuyer eſt armé d'une épée à la Romaine *k*, pour déſigner, diſent quelques Savans, l'avantage que ve-
noit de remporter Decebale ſur les Généraux de Domitien. Les perſon-
nages de la ſeconde troupe *l*, *m*, *n*, ſont des habitans voiſins de la

Dacie, qui, fuivis de leurs femmes, de leurs enfans, & de quelques beftiaux, abandonnent leur pays ravagé par les Romains. Les hommes font habillés d'une courte tunique *o*, d'un manteau léger *p*, & de braies étroites *q*; les enfans font ajuftés comme leurs peres; & les femmes coëffées de bonnets faits de leurs voiles *r*, ont de longues tuniques ceintes au-deffous du fein *f*; quelques-unes ont un manteau dont elles enveloppent leurs nourriffons; des peres portent fur leurs épaules ceux que les meres leur confient *t*; les beftiaux broutent l'herbe qu'ils rencontrent en chemin *u*, *u*; & tandis que le chef de la troupe *x*, que fon grand âge rend plus fenfible aux fatigues du trajet, fe livre un inftant aux douceurs du repos, les voyageurs continuent la route, ne doutant point, que la troupe qui fuit, ne fe charge du bon vieillard & de la portion du bagage *y*, qu'ils lui ont remife en dépôt.

Planche III.

Un des plus bizarres vêtemens militaires connus, eft celui des Sarmates *a* : il leur embraffoit le corps depuis le col jufqu'au bout des pieds. C'étoit une efpece de camifole, où tenoient de longues braies & la chauffure; le tout couvert à fond de petites écailles en corne (*). Cet accoutrement les ferroit de fi près, fans gêner aucun de leurs mouvemens, qu'on appercevoit l'action des mufcles à travers les écailles dont ils étoient entiérement couverts, comme des poiffons : car ils s'en faifoient des gantelets, ainfi que la colonne Trajane le démontre. Leurs chevaux n'étoient pas différemment équipés. Ils les enveloppoient d'un farrau écaillé jufte au corps, qui les couvroit depuis les narrines jufqu'à la corne des pieds, renfermant leur queue comme dans une bourfe *b*; ce qui vraifemblablement ne regardoit que les Soldats; car les Officiers non-feulement laiffoient flotter la queue de

---

( ) Les plus riches cuiraffes des Sarmates n'étoient compofées que d'écailles de cornes de pieds de chevaux. Officiers, Soldats, Maquignons, chacun faifoit fon armure : voici comment. Ils coufoient ces écailles avec des nerfs de bœuf fur une toile à double tiffure qu'ils découpoient jufte au corps avec une adreffe extrême; & le plus expert d'entre eux, celui qui tailloit le mieux les écailles, qui coufoit le mieux les camifoles, les farraux, étoit chargé de de caparaçonner les chevaux. Sa récompenfe confiftoit à avoir, dans les efcarmouches, une double part au butin.

leurs chevaux *c*, quoique enveloppés d'écailles, mais encore quelquefois ils en montoient à nuds poils *d*, se contentant d'être seuls caparaçonnés depuis la tête jusqu'aux pieds *e*. Le Brun, Raphaël l'attestent ; l'un dans sa bataille d'Arbelles *f*, l'autre dans son Attila du Vatican *g*. La même colonne Trajane nous présente un Sarmate expirant *h*, armé d'un de ces petits arcs *i*, dont les maîtres se servoient pour lancer furtivement dans la mêlée, sur leurs propres Officiers, des fleches empoisonnées. A ses pieds, est un bouclier d'airain *k*, comme sa tiare *l*, & comme toutes les autres armes de ces Peuples. Le fer & l'acier furent pendant long-tems si rares chez eux, qu'ils étoient obligés d'armer avec des lames d'os la pointe de leurs fleches. Aussi quand ils enlevoient à l'ennemi quelques armures en acier ou en fer, ils s'empressoient de les porter à leurs Brigadiers qui les récompensoient généreusement, regardant ces métaux comme plus précieux que l'or ne l'est parmi nous.

PLANCHE IV.

CES deux chars de transport remplis d'armes & d'ustansiles militaires *a*,*b*, appartiennent aux Daces & aux Sarmates qui s'étoient ligués contre les Romains, dans le tems que les Romains s'étoient alliés contre eux avec les Peuples de la Germanie. Aux roues du premier char, les Daces ont fait attacher un espion *c* : telle étoit leur façon de punir les traîtres. Deux filles Sarmates *d*, *e*, allant à la guerre, vêtues d'un corselet sur leur robe, coeffées d'un casque léger, armées d'arcs & de fleches, font compagnie à des épouses de Marcomans *f*, *g*, qui vont avec leurs enfans joindre leurs maris à l'armée. Celles-ci n'offrent rien dans leurs habillemens, leurs coëffures, ni dans leur façon de se mettre, qui les distingue des autres femmes de Barbares, si ce n'est qu'une d'entre elles a tout le bras droit & la moitié du sein découvert. Un bouclier octogone & une courte épée répandus sur le terrein *h*, caractérisent le pays.

PLANCHE V.

AU défaut d'ajustemens Syriens, Lydiens & Phrygiens, nous présentons ici les coëffures de ces peuples. Deux médaillons *a*, *b*, offrent le bufte de Cléopatre & celui de Démetrius fon époux. Cette Reine d'Egypte qui joue un fi grand rôle dans la *Rodogune* de Corneille, chef-d'œuvre du Théatre François, eft parée de fa mitre d'or *c* : toutes les Syriennes en portoient anciennement de pareilles en argent ou en foie, & la plupart des perfonnes de diftinction les ornoient d'étoiles, objet de leur culte. La mitre de cette Princeffe eft fenfiblement d ftinguée, & par les fignes myftérieux en diamans, & par la couronne radiale ; attribut caractériftique de la Souveraineté. On voit non loin deux Aftrologues Lydiens *d, e*, bizarrement coëffés de turbans finguliers ; l'on reconnoît aifément l'habitant de Phrygie *f*, au bonnet dont il eft couvert ; & le Volfque *g*, combattant avec l'épée, à fon cafque en forme de bonnet. Les cafques armés d'une lame tranchante, *h, h*, ceux meme qui font hériffés de pointes *i, i*, appartiennent aux premiers Etrufques. Nous avons obligation au Comte de Caylus de nous avoir fourni par fes recherches les divers ajuftemens de ces Peuples, s'accoutrant, tantôt avec un corfelet *k*, & chauffés de botines qui leur montoient au-deffus du genoux *l*, & tantôt prefque nuds, n'ayant qu'une dépouille de bête féroce qui leur couvroit à peine le chef *m*. Ils combattoient ainfi dans l'exercice du pugilat, où la plupart excelloient ; & n'avoient alors pour l'attaque & la défenfe d'autres armes que leurs poings. A l'armée, ils fe fervoient du javelot, de la crête tranchante & des pointes de leurs cafques, s'élançant fur leurs ennemis & les frappant comme fe frappent des taureaux furieux, acharnés les uns contre les autres.

P L A N C H E   V I.

Nous retraçons dans ce groupe un Soldat Aufonien *a*, atterrant fous fon fer un Athelette Tofcan *b*, qui le perce lui-même. Le Soldat eft armé d'un corfelet de cuir à épaulettes de métal *c* ; il a fur fon tonnelet de doubles lambrequins très-courts *d*, un léger manteau agraffé fur l'épaule *e* ; des braies étroites, reffemblantes à des bas, qui lui defcendent jufqu'au bout des pieds *f*. Il eft coëffé d'un cafque orné d'une crête en forme de plumes *g*. L'Athelette prefque nud, vêtu d'un léger corfelet en toile *h*, fe défend avec fon poignard & fon large bouclier *i* ; fon cafque roule aux pieds de fon ennemi, *k*. Au-deffus de ce groupe font des têtes de Barbares, coupées par des Soldats Ro-

N iij

mains victorieux. Ils les portoient quelquefois au bout d'une lance *l*,
ou attachées au-devant de leur cuirasse, pour effrayer ceux contre qui
ils combattoient; ils les tenoient quelquefois entre les dents *m*, *n*, par
les cheveux, & plus souvent les portoient à la main *o*, *p*, pour les
montrer à leurs capitaines en signe de valeur, dans l'espoir d'en obtenir
la récompense (*). Ces idées pathétiques extraites d'après Raphaël *o*,
Rubens *q*, le Brun, ont été suggérées à ces Grands Maîtres par l'Antique (nous en parlerons encore dans la premiere Planche du trente-
unieme Cahier); mais ils se les sont appropriées par la belle maniere
dont ils en ont fait l'application : pratique admirable qui concourt à la
richesse des Arts !

<h2 align="center">P L A N C H E V I I.</h2>

CETTE feuille qui réunit une partie des Peuples vaincus par Jules
César, a été extraite d'après le triomphe de cet Empereur, peint par
André Martinéa. On y voit un Roi de Pont, captif *a*, avec la Reine
son épouse, marchant à la tête des vaincus. Dépouillé de toute marque
de Souveraineté, il est vêtu d'une simple tunique à manches bridées
par des bandelettes *b*, & d'un ample manteau trainant *c*. La Princesse *d*,
est caractérisée par sa tristesse, son diadème & son collier. Suit une
nourrice Africaine *e*, chargée d'un enfant à la mamelle, & d'un autre
qu'elle conduit par la main. Derriere elle marche un grouppe d'Egyptiens *f*, dont le bonnet ressemble, à quelques égards, à la tiare des Parthes, enveloppée d'un turban : on voit parmi eux un jeune favori du
Roi *g*, distingué par un riche collier qui lui pend sur la poitrine. Au
devant du petit cortege paroit un Page *h* du Prince vaincu, portant
l'épée de ce Souverain brisée par le milieu *i*, pour désigner sa défaite
& sa captivité. Une subreveste étoffée *k*, surmonte la tunique du Page;
elle est à larges manches retroussées *l*, ne descend que jusqu'au dessus
du genoux *m*, & laisse voir à plein d'assez riches botines dont il est
chaussé *n*. Les Licteurs, les faisceaux *o*, les étendarts flottans *p*, les
remparts de Rome *q*, où la scene se passe, sont des accessoires analogues au triomphe de César.

(*) Il en a été fait mention à la Planche VIII du dixieme Cahier.

Planche VIII.

Les Indiens, du tems d'Alexandre, portoient de longues plumes *a*, *b*, *b*, fur leurs cafques. Ils étoient vêtus d'un corfelet ceint de lames d'acier *c*, avoient des cuiffards, des botines d'airain à genouilleres *e*, & une clamyde *f*, attachée devant l'eftomac. Les Rois de l'Inde *g*, ainfi vêtus, combattoient fur des éléphans *h*. Le conducteur *i*, armé du bouclier *k*, de l'épée ou de la hache, fe défendoit comme fon maître, ne guidant fa monture que par le mouvement des genoux. A l'égard des Soldats de ces contrées *l*, ils fe fervoient de la maffue *m*, & d'un petit bouclier *n* qu'ils enchaînoient à leur bras; ajuftés avec un fimple tonnelet retrouffé au bas du corps *o*, & une dépouille de bête fauvage *p*, *q*, qui leur tenoit lieu de coëffure & de manteau, lui laiffant les bras, les jambes & l'eftomac à nud. Les Officiers *r* avoient des corfelets terminés au haut du bras par des découpures en pointes, qui paroiffoient entre les épaulieres & les manches du vêtement. Ils combattoient avec la lance. Une longue aigrette en plumes s'élevoit fur leur cafque faillant armé de mentonnieres, & furmonté de crins de cheval flottans. Ils fe coëffoient auffi quelquefois avec des cafques de bois, formés de plufieurs pieces à la façon des Tybariniens *f*, & les enrichiffoient d'une criniere de lion *t*.

Planche IX.

C'est d'après le Brun que nous avons extrait ces divers couvre-chefs des Barbares à qui Alexandre fit la guerre, & ceux de quelques-uns de fes alliés. L'Arabe *a* porte un cafque en forme de calotte entourée de longs crins voltigeans. Le Thrace *b* a fon cafque d'airain recouvert d'une tête de bélier avec les cornes; il eft armé de l'épieu dont ces Peuples faifoient ufage à la chaffe du fanglier. L'Egyptien *c* a pour coëffure & pour vêtement une dépouille de lion, fymbole de la puiffance de fes premiers Rois. Les Soldats coëffés d'une tête de loup-cervier *d*, d'une peau de renard *e*, & de cheveux crêpés *f*, *g*, font des environs de la Mauritanie. Celui qui eft renverfé *h*, ayant une dépouille de léopard pour tout vêtement, eft Ethiopien. On voit au-deſſous un Indien à demi-nud *i*, coëffé & vêtu d'une ſimple peau de louve ; à ſon côté, un Buccinateur Maure *k*, portant un bonnet de poil avec des pendans d'oreilles. Enfin un Lydien *l*, qui ſe ſert d'une dépouille de bête féroce en guiſe de bouclier.

Les étonnantes recherches qu'on fait que le Peintre de Louis XIV avoit faites pour porter à la perfection poſſible les batailles d'Alexandre, doivent donner aux Artiſtes une confiance complette pour tous les objets d'inſtruction qu'elles renferment : & cet ouvrage doit être en même tems pour eux une leçon vivante des ſoins qu'ils doivent ſe donner, pour n'enfanter que des productions capables, comme celle-là, de braver les injures de la critique, dont on ne ſache pas qu'elle ait jamais été la victime. Ce n'eſt pas que le Brun n'ait payé à l'occaſion de ces tableaux, le tribut à l'humanité (quel Auteur en eſt exempt !), & qu'il n'y ait dans cette ſuite quelque choſe à reprendre : ne fût-ce que les repouſſoirs maniérés qui dans ce tems étoient en regne, & qu'il eſt toujours bon d'éviter. Ce qui vraiſemblablement l'a mis à l'abri de la cenſure, c'eſt que ceux qui auroient pu le blâmer, guidés par des ſentimens équitables, ont penſé que, pour eſtimer les ouvrages tout ce qu'ils valent, & ne les eſtimer que ce qu'ils valent, il faut, comme a dit un judicieux Académicien, toujours comparer ce qu'ils ont avec ce qui leur manque ; bien diſtinguer leur mérite dominant & le prix dont il eſt, d'avec les autres parties qui y ſont jointes & leur prix parculier ; & enfin ne prononcer de jugement ſur eux, qu'après une exacte compenſation de leurs défauts & de leurs avantages. Sans doute les judicieux Cenſeurs trouverent alors que la balance penchoit du côté de l'excellence des chef-d'œuvres ; ils gliſſerent légerement ſur les imperfections, laiſſant à la poſtérité le ſoin d'en évaluer le mérite, & de décerner à l'Auteur la gloire qui lui eſt due. Que les Artiſtes ſeroient heureux & leur ſort bien digne d'envie, ſi l'on jugeoit aujourd'hui leurs ouvrages avec autant d'équité !

P L A N C H E X.

Ces armes copiées d'après les deſſeins du piédeſtal de la colonne Trajanne, que le Pouſſin fit à Rome par ordre du Grand Colbert (*),

---

( ) Ce Recueil précieux étoit conſervé dans le Cabinet de feu M. Mariette, Amateur, Ho-

font particulieres aux Nations barbares ; fi on excepte l'étendart dra-
conaire dont tous les Peuples ont fait ufage, quoiqu'il fût plus particuliérement affecté aux Affyriens. La tête du Dragon *a* étoit ordinairement de métal, & le corps *b, b,* d'une efpece de taffetas qui couvroit une charpente de liege. Lorfqu'on vouloit s'en fervir, on délioit
les courroies qui le bridoient *c, c.* Alors les pointes *d, d, d,* & le corps
de l'étoffe *e* qu'on déployoit, voltigeant à droite & à gauche, pro-
duifoient un fifflement dans les airs & un afpect en quelque forte effrayant. Ce bruit & ce fpectacle qui n'écartoient que rarement l'ennemi,
étant apperçus de loin, fervoient à rallier les troupes autour de l'étendart. Les divers Peuples qui l'ont adopté pour fignal militaire, le portoient fous différentes formes. Les uns ont ajouté des ailes, des griffes
& une queue au Dragon ; les autres lui ont fupprimé l'enveloppe, & le
portoient fculpté de ronde-boffe, fait d'un airain mince, ou de bronze
bruni & creux, l'arborant au bout d'une lance : il y tenoit par de forts
cordons placés à l'endroit de la gueule, qui ne l'empêchoient pas de
voltiger. Les épées en faucille des Daces *f, f,* les haches, *g, g,* les
lances *h,* étoient également à l'ufage des Medes, des Parthes, des
Maffagettes, des Marcomans & des anciens Germains, comme les
trompettes fans courbures fimples *i,* ou décorées *k,* qui leur fervoient
à donner différens fignaux.

Planche XI.

Nous n'avons point encore trouvé l'occafion de dévoiler la beauté
de plufieurs armures des Barbares : nous la faififfons ici, par le double
motif de rendre juftice à leur génie, à leur dextérité, & de détruire la
fauffe idée de la férocité de leur goût. Chacun voit que tous les objets
préfentés dans cette planche *a,* font d'une auffi belle forme & d'un
travail auffi précieux que tout ce que nous connoiffons des plus fameux Armuriers de la Grece & de Rome. Parmi ces divers cafques,
également variés par leur gabarit & par leurs ornemens, on peut remarquer ces riches collarines *b, c, d, d,* qu'inventerent les Hyperboréens,

---

noraire de l'Académie Royale de Peinture & de Sculpture, un des Cabinets de l'Europe le
plus complet en deffeins originaux de Grands-Maîtres, eftampes rares, & livres concernant
les Arts.

ces oreillettes *e*, *e*, ces armatures *f*, *g*, *h*, *i*, tendantes à l'agrément de la coëffure & à la sûreté du Guerrier ; l'espece de tiare Parthe *k* façonnée en guillochis, ceinte d'une couronne de laurier ciselée *l* ; ces carquois *m*, *n*, doublés de fourrures, remplis de fleches *o*, décorés par compartimens *p* ; enfin, l'épée en faucille *q*, le poignard *r*, & la lance à double fer *f*. On trouvera, par un examen raisonné, que ces objets réunissent dans leur espece la simplicité, l'élégance, l'économie, la délicatesse des ouvrages fabriqués chez les Nations les plus doctes & les mieux policées. N'en doutons point ; c'est dans leur commerce avec ces Nations, que les Barbares se sont ainsi perfectionnés. Tant que leurs intérêts les tinrent renfermés dans le Nord, ils ne ressemblerent qu'à eux-mêmes, ou à des voisins peut-être plus grossiers qu'eux. Mais dès qu'encouragés par leurs conquêtes, ils s'établirent chez les Peuples du Midi, ils en acquirent les talens, le génie, les mœurs & l'urbanité. Dans des tems, dit le savant Montesquieu, ils en adopterent même le luxe & la molesse, au point de devenir incapables des fatigues de la guerre. On les a vu languir dans les bras de la volupté : une table délicate, des habits efféminés, des bains, la musique, la danse, les jardins, les théatres, leur étoient devenus nécessaires. Dans d'autres tems, revenus de leur léthargie, ambitieux de se distinguer, ils fréquenterent les Grecs, se mirent en commerce avec les Romains. Ceux-ci leur fournissoient des armures, des munitions, des vivres, tout ce dont ils avoient besoin, & recevoient d'eux en retour les choses qu'ils avoient pillées, les prisonniers qu'ils avoient faits, l'or & l'argent qu'on leur avoit donnés pour la paix. Après une étroite correspondance, ils s'allierent avec eux, les employerent en qualité de troupes auxiliaires ; &, depuis ce tems, les Romains n'eurent pas de meilleure cavalerie.

Planche XII.

Les ajustemens des Officiers Sarmates, Parthes & Germains sont exposés dans cette Planche. Les premiers *a*, consistoient en une cuirasse couverte d'écailles, quelquefois dorées, à la mode des Perses. Ces écailles étoient de petites lames de cuivre, taillées ordinairement en lozanges, mises les unes sur les autres avec une sorte de symmétrie, &

attachées fur des toiles de lin. Au-deffous de la cuiraffe ces Officiers
portoient une courte tunique qui leur formoit un tonnelet *b*; les manches retrouffées fort haut, leur laiffoient les bras nuds; mais ils avoient
le bas du corps garanti par des cuiffards & des botines écaillées comme leurs cuiraffes, à l'exception de la dorure. Une ceinture de cuir *c*,
& un beaudrier de même *d*, foutenoient leur bouclier, leur poignard,
leur cimeterre *e*, & leur carquois. Ils joignoient à ces armes de longues fleches *f*, & des arcs très-forts *g*, *g*, tels que ceux des Ethiopiens, Peuples fiers & vigoureux, qui dans les armées étoient les plus
redoutables de l'Afrique. Qu'il nous foit permis de rapporter à ce propos la réponfe d'un de leurs Rois aux Ambaffadeurs de Cambyfe,
qui, fous prétexte de leur apporter des préfens magnifiques, fuivant
la coutume des Perfes, n'étoient envoyés que pour fervir d'efpions.
Les Ethiopiens fe moquerent de ces préfens, & leur Souverain voulant en faire à fon tour au Roi de Perfe, prit en main fon arc monf-
trueux, le banda en préfence des Ambaffadeurs & le leur remit, en di-
fant : quand les Perfes pourront fe fervir auffi aifément d'un arc de
cette grandeur, qu'ils viennent attaquer les Ethiopiens; mais qu'ils
amenent plus de troupes que n'en a Cambyfe. En attendant, qu'ils
rendent graces aux Dieux qui n'ont pas mis dans le cœur des Ethiopiens le defir de s'étendre hors de leur pays. Revenons à notre fujet.
Les feconds ajuftemens appartiennent aux Officiers Parthes & Germains. Ils font formés de la tunique militaire & du candis *h*, dont fe
fervoient les Rois Quades, les Princes Marcomans, & tous les Souve-
rains des peuples de la Germanie. Au-deffous font les étendarts *i*, les
haches d'armes *k*, les Sariffes, les épées en faucilles, les lances *l*, les
carquois *m*, les cafques *n*, les boucliers des Barbares *o*, *p*, *q*, *r*, & une
de ces torches *f*, qui fervoient à leurs veuves pour brûler à petit feu
les Romains qu'elles prenoient en guerre : c'eft ainfi que pour fe ven-
ger en Sarmates, de la perte de leurs époux, elles fignaloient leur ref-
fentiment. Les Romains, difoient-elles, courent à la mort comme au
triomphe : la leur donner, c'eft les récompenfer plutôt que les punir ;
il faut pour la leur rendre bien fenfible, l'accompagner à notre gré des
tourmens les plus affreux.

Ne croyons pas néanmoins que ces inhumanités, ces violences
aient été plus particulieres aux Barbares qu'aux autres Peuples policés;

elles étoient communes à tous les Anciens, à quelques nuances près ; & les Grecs eux-mêmes, dans bien des occasions, pour satisfaire leur vengeance, s'y sont livrés sans ménagement. Ici, Ulysse fait précipiter du haut d'une tour le jeune Prince Astianax; Pyrrhus immole Polixene aux mânes de Priam ; là, Ajax dèshonore Cassandre au pied de l'autel de Minerve ; Achille traîne Hector autour des murailles de Troye, &c. Ce qui paroît inconcevable, c'est que ces Peuples, qui paroissoient n'aspirer qu'à la plus haute réputation, associassent dans leur caractere des qualités aussi discordantes que le sont la férocité & la bonhomie, l'héroïsme & la simplicité. En effet, après ces exemples d'inhumanité & de barbarie, que penser de Patrocle, mettant trois gigots de mouton dans une marmite, soufflant, allumant le feu & préparant le dîner avec Achille; de Fabricius que les Ambassadeurs du Roi des Epirotes trouvent, faisant cuire ses légumes ? Especes d'indécences que les plus grandes Princesses de ces tems pratiquoient elles-mêmes. Nausica lavoit ses robes & celles du Roi Alcinoüs son pere : les filles d'Auguste filoient les habits de cet Empereur, lorsqu'il étoit maître de la moitié de l'Univers, &c. Il est vrai que Patrocle, Achille, comme Charles XII, Roi de Suede, qui, à leur exemple, fit sa cuisine à *Demir-Tocca* pendant six mois, oublierent, pour ainsi dire, leur dignité : mais ni les uns ni les autres n'en ont rien perdu de leur héroïsme. Qu'en conclure, si ce n'est que les qualités essentielles du caractere l'ont de tout tems emporté sur tout motif étranger, & que les Anciens avoient, des bienséances, des vertus & des vices, une idée différente de celle que nous en avons ?

Fin du vingt-huitieme Cahier.

A
I
K
G
H
L
M
M
C
E
F
D
D
B

G.
I.
A.
E.
D.
F.
C.
B.
A.
K.
H.
L.
R.
M.
N.
T.
P.
O.
S.
V.
Q.
X.
V.
Y.

A.
F.
C.
B.
G.
E.
L.
D.
H.
I.
K.

A.
B.
C.
D.
E.
F.
G.
H.
H.
I.
I.
K.
L.
M.
N.

.M.
.L.
.N.
.P.
.Q.
.O.
.G.
.E.   .A.   .K.
.C.
.D.   .H.
.B.
.I.
.K.   .F.

S P Q R

A.
B.
G.
F.
C.
D.
M.
E.
H.
I.
K.
N.
L.
O.
R.
T.
S.
B.

A.
B.
C.
D.
F.
E.
G.
H.
L.
K.
I.

F.
F.
F.
F.
C.
B.
D.
D.
C.
B.
D.
E.
H.
G.
A.
I.
G.
G.
K.

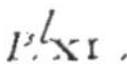

F
A
H
G
C
I
D
E
E
Q
K
O
M
S
L
B
P
R
N

H
A
D
C
E
B
I
L
R
S
O
Q
L
K
N
G
G
F
B.R.

COSTUME
DES ANCIENS PEUPLES.

SECONDE PARTIE.

SUPPLÉMENT AU COSTUME DES GRECS ET DES ROMAINS.

VINGT-NEUVIEME CAHIER.

AVERTISSEMENT.

*O*N *ne trouvera pas extraordinaire, que, pendant un nombre confidérable d'années, confacré à faire toutes les recherches poffibles pour enrichir cette Collection, il nous foit furvenu des idées nouvelles, & que nous ayions acquis de nouvelles connoiffances, dans des tems où il ne nous étoit plus permis d'en faire ufage, fans déranger l'ordre de nos Cahiers. Loin de négliger ces acquifitions, nous les avons recueillies & confervées avec foin, dans le deffein de les inférer dans l'Ouvrage de quelque maniere que ce fût, perfuadés que les Curieux feroient plus fatisfaits d'en jouir, quand même elles feroient déplacées, que d'en être entiérement privés. Ces idées que nous a fuggéré l'intérêt de l'Ouvrage; ces connoiffances qui, pour avoir été acquifes trop tard, n'en contribuent pas moins à le rendre plus complet qu'il ne l'auroit été fans elles, roulent effentiellement fur le Coftume des Grecs & des Romains, fur quelques obfervations au fujet de l'Eléphant & fur plufieurs réflexions occafionnées par des licences de Grands Maîtres : réflexions qu'aucun Ecrivain n'a eu le courage de faire, qui nous ont paru importantes aux Eleves dans les Arts de peindre & de fculpter, & que les Connoiffeurs liront peut-être avec plaifir. Au refte*

Part. II.   O

nous avouerons ne nous être déterminés à les publier ici, en forme de Supplément, que d'après le conseil des personnes éclairées qui ont bien voulu s'intéresser à notre entreprise ; & comment les avons-nous consultées ? Dans l'esprit que tout Auteur devroit consulter, après avoir achevé son ouvrage ; c'est-à-dire, après y avoir épuisé ses études, ses recherches, son talent. Prenons occasion de cette pratique, pour insinuer au jeune Artiste les moyens de corriger, de perfectionner ses productions autant qu'il lui est possible :

> Hâtez-vous lentement & sans perdre courage,
> Vingt fois sur le métier remettez votre ouvrage :
> Polissez-le sans cesse, & le repolissez ;
> Ajoutez quelquefois, & souvent effacez. BOIL. *Art. poët. ch.* 1, *vers* 175.

A ces excellens conseils du fameux Satyrique, qui sont néanmoins des généralités un peu trop vagues pour fixer précisément l'idée des procédés propres à perfectionner un Ouvrage, nous joindrons les maximes d'un savant Ecrivain de notre siecle. Voici comment s'exprime la Motte-Houdar : « *Le plus sûr moyen pour réussir à porter un Ouvrage quelcon-* » *que à sa perfection, est de faire choix de vrais Connoisseurs; de leur expo-* » *ser sa production sans emphase, pour ne point leur ôter le courage de* » *l'avertir de ses méprises, & avec docilité, pour leur témoigner sa dispo-* » *sition à profiter de leurs avis. Il doit se prêter à leurs premieres refle-* » *xions de si bonne grace, qu'il les enhardisse à de nouvelles ; rabattre beau-* » *coup des louanges, & ne s'en tenir là-dessus qu'au ton, à l'air & non aux* » *paroles ; ne compter pour bon que ce qui frappe plusieurs Connoisseurs,* » *& regarder comme des défauts certains ce que reprend le plus grand* » *nombre ; enfin, suivant ces nouveaux éclaircissemens, il doit revoir* » *son ouvrage, avec cette seule attention, de ne suivre les avis particuliers* » *qu'autant qu'il les sent, & de déférer aux avis généraux contre son sen-* » *timent même : ce concours de lumieres étrangeres lui peut valoir plus* » *en un jour, qu'un mois de ses propres réflexions* ».

PLANCHE PREMIERE.

L'EMPEREUR Domicien ayant attaqué les Daces, & les troupes de Décebale leur Roi ayant battu celles de l'Empereur Romain, les Barbares retournerent dans la Dacie, fort satisfaits de leur triomphe. C'est le retour du peuple victorieux que cette planche *a* retrace. On y voit les maris ramener leurs femmes *b*, leurs enfans *c*, leur bétail *d*. Les chars, les bêtes de somme, *e*, *f*, sont employés pour la commodité du voyage. Les provisions *g*, les ustensiles rapportés, les armes sans brisures *h*, *i*, déposées tranquillement par terre, les démonstrations d'allégresse *k*, & de plaisir *l*, *m*, répandues dans toute la scene, annoncent la satisfaction dont ces vainqueurs sont pénétrés, d'avoir défait des ennemis aussi puissans & aussi redoutables que les Romains. Mais le triomphe des Barbares ne fut pas de longue durée. Décebale eut beau envoyer des Légats à Rome, adresser des Envoyés pour tirer avantage de sa victoire ; les Romains n'écouterent aucune de ses propositions. Trajan marcha contre lui, vainquit les Daces ; leur Roi fut tué ; & Régulus, Roi des Indes, un de ses alliés, fut fait prisonnier, comme on a vu dans les planches VII, VIII du vingt-septieme Cahier, & I, II du vingt-huitieme.

PLANCHE II.

LES Romains avoient dans leur Cavalerie des chevaux légers *a*, nommés *Jaculatores*, jetteurs de dards, qui portoient trois javelines de la main droite *b*, & un long javelot de la gauche *c* ; ils étoient armés du *scutum d*, du casque, de la dague, & vêtus d'un corcelet, semblable à celui des Fantassins. Le Tribun de la Guerre *e* manquoit rarement d'être escorté par la Cavalerie, sur-tout, quand à titre de Garde du Trésor public, il étoit chargé de la caisse militaire. Il portoit alors une cuirasse, une clamide & le bâton de commandement : il étoit après le Consul *f*, l'Officier le plus considérable de l'Armée. Celui-ci marchoit accompagné de Licteurs *g*, de Liticines *h*, & autres Musiciens *i*, qui l'annonçoient au son des clairons *h*

& des cornets *i*. Quand il paſſoit dans les rues, non-ſeulement le Peuple ſe levoit, les Cavaliers mettoient pied à terre, mais encore les Officiers titrés étoient obligés de ſe tenir debout, ſous des peines afflictives ; comme il arriva au Préteur Decius, qui ne s'étant point levé, lorſque le Conſul Scaurus paſſoit auprès de lui , ce Conſul vengea ſur le champ ſa dignité mépriſée, en faiſant lever par force le Préteur, lui faiſant déchirer ſa robe, & ordonnant qu'on ne plai-deroit plus devant lui. On ne peut mieux comparer le procédé vio-lent de Scaurus, qu'à l'imbécille menace de Mummius. Ce Conſul s'étant rendu maître de Corinthe, fit charger un vaiſſeau des plus belles ſtatues de la Grece qui étoient dans cette ville, en menaçant les Pilotes, que s'ils ne les amenoient à bon port, il leur en feroit rendre d'autres. Si Pauſanias ne rapportoit cette anecdote, on auroit peine à croire que parmi les Romains, qui connoiſſoient le prix des belles ſtatues grecques, il ſe ſoit trouvé un Conſul qui les ait ſi mal évaluées.

PLANCHE III.

CE grouppe de chevaux *a*, exercés par des Ecuyers *b*, *c*, qui les dirigent avec complaiſance, nous rappelle l'attachement extrême de quelques anciens Romains pour ces fiers & ſuperbes animaux. Leur affection étoit ſi forte, que pour la ſatisfaire, pluſieurs avoient recours à des moyens ſinguliers. Tel Citoyen ſe faiſoit Maquignon, Palefre-nier, Maréchal, pour être à portée de bien connoître tout ce qui concerne la bonté, les beſoins, la conſervation des chevaux. Tel autre engraiſſoit les ſiens avec le froment le plus exquis, & les re-gardoit comme des êtres ſuſceptibles de graces, dont il ne pouvoit ſans crime négliger l'embonpoint. D'autres enfin, Courtiſans très-diſtingués, non-ſeulement fréquentoient leurs écuries, mais encore veilloient eux-mêmes, par mille ſoins, à la propreté & au bien-être de leurs courſiers (*), arrangeant leurs crins, bouclant leur queue,

____

(*) Des uſages à peu-près pareils ſe ſont perpétués juſqu'à ces tems. On voit tous les jours à Rome des Citoyens diſtingués, des Chevaliers, des perſonnes d'une haute naiſſance, panſer eux-mêmes leurs courſiers, les dreſſer à divers maneges, leur apprendre à trainer un char, les exercer à la courſe la plus rapide, & les mettre à portée de ſurpaſſer leurs rivaux.

leur ceignant le poitrail & la croupe de croiſſans & de fleurons : ils ordonnoient ce qu'il ne leur étoit pas ſéant de faire : leurs Eſclaves, Ecuyers & Palefreniers exécutoient leurs ordres avec la plus grande ponctualité. Ces Eſclaves, dont une de leurs fonctions étoit de mener les chevaux en plein-champ, pour exercer de diverſes manieres leur ſoupleſſe & leur vélocité, alloient vêtus d'une maniere bien différente l'un de l'autre. Le Palefrenier c n'avoit qu'une courte tunique d, ſi négligemment agencée, qu'il lui laiſſoit le haut de la poitrine, les bras & les jambes à découvert. L'autre au contraire réuniſſoit dans ſon vêtement un manteau qu'il agraffoit ſur l'épaule e, un léger corcelet placé ſur ſa tunique f, un long caleçon où tenoit la guêtre qui lui ſervoit de chauſſure g, g, & des ſouliers de cuir de daim apprêté h. Au - deſſous de ces grouppes nous retraçons les caracteres de tête, coëffures bizarres, i, k, l, d'une troupe d'Eſclaves au ſervice des Romains, la plupart barbares m, eſpions ou déſerteurs n, qui défendirent vigoureuſement le Capitole contre les Gaulois. On voit à leur tête, ce valeureux Tubicine o, qui tout-à-la-fois combattoit & ranimoit par des ſons guerriers leur audace, leur bravoure & leur intrépidité.

PLANCHE IV.

Nous avons fait mention des hypogées dans la IXe planche du cinquieme Cahier, mais nous n'en avions point encore rencontré qui fuſſent, comme celui-ci a, environné de colonnes funéraires, b, b, & de pyramides c : ces pyramides n'étoient ordinairement deſtinées que pour le Fondateur du monument & ſes ſucceſſeurs. On élevoit dans des urnes ſur des colonnes les cendres de ſes aïeux ; les os de ſes enfans & de ſon épouſe étoient conſervés dans le donjon d, & l'on dépoſoit dans le ſouterrain m, n, ceux de ſes parens plus éloignés.

Ils ne ſe bornent pas-là. Des chevaux remportent-ils le prix de la courſe ? leurs Maitres les font peindre de grandeur naturelle, dans des attitudes pleines de nobleſſe & d'ardeur ; les yeux en feu, les crins épars, indiquant par quelque ſigne le prix qu'ils ont remporté. Après une ſucceſſion de triomphes, ces divers portraits qui ſont peints ſous des caracteres fiers & ſuperbes, raſſemblés dans un ſallon, offrent un ſpectacle d'autant plus intéreſſant, qu'il eſt rare, ſingulier & tout-à-fait héroïque.

O iij

Souvent les amis étoient jaloux d'être inhumés les uns auprès des
autres ; alors on creusoit autour de l'hypogée de petites fosses *e, e,*
où l'on enfouissoit leurs urnes ossales *f, f.* Dans les anniverfaires,
des Coëphores (*) apportoient de grands vases *g, g, g,* pour faire
les libations générales en l'honneur de tous les défunts. Il étoit d'usage
d'enfermer dans ces sépultures des statues, comme on en enfermoit
en Egypte dans tous les tombeaux des personnes de considération.
La figure mutilée du Camille & ses débris *h, i,* furent trouvés,
dit-on, dans les décombres de cet hypogée : on assure même, que
la Vestale *k,* qu'on trouve après, représentée sauvant le *Palladium,*
de l'incendie du temple de Vesta, étoit une des filles du Fondateur
de ce monument, & qu'elle fut trouvée dans le bel état de conser-
vation où on la voit ; circonstance qui rend en quelque sorte l'anecdote douteuse.

PLANCHE V.

CETTE portion de char *a,* extraite du triomphe de César, peint
par André Mantinea (**), offre une singularité qu'on ne trouve nulle
part. Les roues coulent sous une espèce de bouclier enrichi de bas-
reliefs, & posé sur les moyeux ; apparemment pour garantir le Triomphateur des inconvéniens que la volubilité de la voiture pouvoit occa-
sionner. Au-dessus s'élève, dans le tableau original, une figure qui couronne le Héros assis sur un riche tabouret, ou sur une chaise curule *b,*
telle que nous la retraçons ici (***). On portoit d'ordinaire autour
de lui des attributs représentatifs de son caractère, de ses vertus, de
sa puissance, & de tout ce qui contribuoit à sa gloire. Ici l'ingénieux
Peintre Mantouan arbore, dans un signal militaire ceint de lauriers,
l'éloquent monograme *c,* que César adressa à son ami Anitius, pour
lui exprimer la rapidité de ses conquêtes. *Veni, vidi, vici,* lui écri-

----

(*) On donnoit ce nom aux enfans des Coërites, habitans de Coëre, qui avoient con-
servé les vases sacrés dans le tems de la guerre des Romains contre les Gaulois. Les Coëphores, espece de Camilles, dans les cérémonies anniverfaires, étoient chargés du soin des
libations qu'on faisoit sur les tombeaux.

(**) Voyez ce que nous avons dit de cet ouvrage, à la Planche IV du quinzieme Cahier.

(***) Telle étoit celle de Marius, que l'on conserve à Rome à la Villa-Negroni.

vit-il : je fuis venu, j'ai vu, j'ai vaincu. Non loin paroît dans une tablette la place deftinée probablement à l'infcription : *Dictator perpetuus d* ; la Dictature perpétuelle ayant été l'objet de l'ambition de ce premier Empereur Romain, & n'ayant été accordée à perfonne autre. C'eft ainfi qu'un Artifte inftruit, fe fait honneur par la judicieufe application de quelques anecdotes hiftoriques qui lui donnent un relief de Littérateur, quoiqu'il n'en ait l'obligation qu'à fa mémoire. Et ne croyons pas que les connoiffeurs regardent comme des traits de génie ces buftes tourrelés *e, f*, plus ou moins grands, felon la conféquence des conquêtes, qui défignent les Provinces fubjuguées, ou les Villes foumifes ; non plus que ces belles ftatues *g*, enlevées à l'ennemi, ni ces caffolettes odoriférantes *h*, dont on parfumoit la route des Triomphateurs ; ce font là des généralités triviales dont on ne tient aucun compte à l'Artifte ; au lieu que par des traits d'hiftoire qui caractérifent & comblent de gloire fon Héros, il illuftre lui-même & fon génie & fon art.

P L A N C H E   V I.

LES Romains avoient grande attention d'enlever à l'ennemi des dépouilles de conféquence qu'ils puffent préfenter aux Dieux dans les facrifices qu'ils leur offroient au retour d'une expédition. Nous expofons ici le riche bouclier *a*, qu'Antonin lui-même arracha des mains à Regulus, Roi des Quades ; le fphix d'or *b*, que Céfar prit aux Egyptiens ; un fragment de la galere d'Annibal *c*, coulée à fond par Duillius. On joint à ces captures honorables, faites par des Généraux Romains, une chauffure *d*, diverfes armes *e, f*, & la cravate *g* d'un de leurs Frondeurs ; plus, la cloche que le Tribun de l'Armée faifoit ordinairement mettre à l'entrée du camp, pour fonner le tocfin *h*, en cas de furprife, ou d'autres motifs d'alarmes (*) ; un de ces focles *i, k*, qu'on conftruifoit pour les allocutions générales ; la hallebarde *l* ; une balle à pointes de fer *m* ; les fleches *n*, qui fervoient quelquefois au fupplice des déferteurs & des efpions ; enfin,

---

(*) Il y a encore aujourd'hui à Duffeldorph, en Weftphalie, une de ces cloches pour avertir du feu & de l'arrivée des troupes.

le fignal *o*, *p*, qu'on port oit devant eux q and on alloit les exécuter.

PLANCHE VII.

TOUS les objets tracés dans cette feuille *a*, appartiennent aux vaiffeaux qu'avoit Duillius dans fon embarquement pour l'entreprife des Romains contre les Carthaginois. A droite de l'éperon *b*, des chenifques *c*, de l'apleftre *d*, de l'ancre du bâtiment qu'il montoit *e*, on voit la tête décharnée *f*, d'un de ces taureaux blancs qu'il facrifia à Jupiter Capitolin au retour de fa victoire. Le célebre Marin l'avoit entourée de fon nom *g*, joint à celui du Peuple Romain *h*, & l'avoit placée à la poupe de fon principal navire. Il fit enfuite ajouter à cet ornement une tête de Médufe ayant des ailes *i*, pour exprimer la célérité de fes manœuvres (*). Pendant fon voyage, on confervoit dans de grandes urnes couvertes *k*, *l*, *m*, les provifions & les liqueurs deftinées à fon ufage.

PLANCHE VIII.

ON nous affure que ces ouvrages précieux furent trouvés après la mort de Cayus Silius dans une maifon qui avoit appartenu à Cicéron, & où étoit la fépulture de Virgile. Ces morceaux rares, qui la plupart paroiffent dans le goût étrufque, fi chéri des Romains, avoient été donnés, dit-on, à Silius par Meffaline, alors éprife d'une fi forte paffion pour lui, qu'elle l'époufa du vivant même de l'Empereur Claude fon mari. Ils confiftoient en trois urnes de jafpe *a*, *b*, *c*, ornées de fculptures & de cifelures dignes du cifeau des Grecs, & un autel *d*, *d*, en forme de trépied de verd antique, décoré de même : ce trépied étoit placé à l'entrée d'un jardin fpacieux, au fond duquel étoit un petit tombeau *e*, que l'on a cru être celui de Virgile. En fouillant dans ce jardin, on trouva le cachet *f*, où l'on entrevoit quelques lettres du nom de Meffaline : il n'en faut pas davantage pour décider l'opinion de quelques Antiquaires enthoufiaftes.

(*) Avant ce Conful, les Romains n'avoient aucune connoiffance de l'art de la Navigation; mais un vaiffeau Carthaginois ayant échoué fur leurs côtes il leur fervit de modele. En trois mois, les Matelots furent dreffés, leur flotte fut équipée, conftruite & mife à la voile.

Non loin on rencontra une forte de bouilloire *g*, montée fur fon trépied , & un vafe de bronze en forme de broc *h*. Ces uftenfiles , qui ne font pas d'une auffi belle exécution que les autres pieces , font néanmoins d'une confervation auffi parfaite. Bien des connoiffeurs difputent la plupart de ces circonftances , & les regardent comme fort aprocryphes. Nous ne nous piquerons pas de les garantir : il nous fuffit qu'elles tiennent à des objets curieux & de bon goût , capables d'enrichir les productions des Artiftes.

P L A N C H E I X.

LES deux premiers cafques *a*, *b*, diftingués par l'élégance des formes & la richeffe des ornemens , fi l'on s'en rapporte à quelques Antiquaires , ont appartenu à Alcibiade , Général Athénien , fort fomptueux dans tout ce qui concernoit fa parure. Ils donnent les deux qui font marqués *c*, *c*, à Ariftide *, apparemment parce qu'ils font très-fimples & conformes aux moyens du célebre Athénien , qui , bien qu'il eût eu plufieurs occafions de s'enrichir , mourut fort pauvre. Ces prétendus Savans qui fe piquent de rendre raifon de tout, croient que le cafque *d* avoit fervi au Triumvir Lépide , & foupçonnent que les autres armures marquées *e*, *f*, *g*, étoient la coëffure militaire , les armes défenfives & offenfives qu'Afdrubal confacra à Didon lorfqu'il fit bâtir Carthagene ; ajoutant qu'elles avoient été trouvées dans les fondations de la principale porte de cette ville : de plus , ils s'imaginent entrevoir fur les cafques des fyllabes fignificatives , mais ces conjectures font trop légeres pour y ajouter foi. Au refte, les cafques font très-beaux dans leur fingularité , & n'ont pas befoin d'anecdotes qui en relevent le prix. On a affecté de les deffiner plus grands que de coutume. Nous faifons à l'occafion de cette grandeur de leur forme , une obfervation peu commune & très-utile à quelques égards aux jeunes Eleves , qui ne connoiffent quelquefois pas toute la valeur des mots. En terme de l'Art , *grand* , que les Italiens rendent par *grandiofo* , eft une qualité importante d'un bel ouvrage ;

(*) Voyez la derniere note du trente-unieme Cahier.

il se dit essentiellement du style, du caractere des figures, plutôt que
de leur forme. Dans ce sens, une figure de deux pieds peut être plus
grande qu'une autre de dix ; &, par raison inverse, un géant de dix
pieds de hauteur peut être plus petit, c'est-à-dire, dessiné de plus petite
maniere qu'un nain d'une coudée. Il ne faut point confondre le *grand*
physique avec le *grand* pittoresque. Celui-ci consiste dans le contraste,
le balancement des parties délicates qu'on pourroit nommer petites,
& qui savamment opposées, constituent la finesse du dessein, avec celles
qui sont plus grandes & qui en constituent l'élégance : les unes & les
autres se faisant réciproquement valoir. Le contraire arrive à l'égard
du *grand* qui n'est que physique, & dont tout l'ensemble est un enchaî-
nement monotone de grandes parties ; il n'en résulte que des objets
gros, lourds, qui ne tiennent rien de la belle nature. Le Gladiateur
antique est un des modeles les plus parfaits du *grand* pittoresque : les
principes de ce mérite y sont plus sensiblement écrits que par-tout
ailleurs.

P L A N C H E X.

QUAND un Capitaine Romain s'étoit signalé par quelque expédition glorieuse, on le conduisoit quelquefois à sa tente dans une espece
de char triomphal *a*, où l'on enchaînoit des prisonniers *b*. Ce char attelé
de superbes coursiers, & guidé par un jeune conducteur couronné
de lauriers *c*, étoit précédé d'un trompette *d*, & suivi des parfums *e*,
que durant plusieurs jours on brûloit en l'honneur du Héros victorieux : c'étoit peu ; divers monumens publics solemnisoient bientôt
son nom & sa gloire. Mais quand un Capitaine Grec s'étoit distingué
par quelque action d'éclat, le droit qu'il acquéroit à l'immortalité
faisoit toute sa récompense. Les Athéniens, les Spartiates accorderent
à peine une statue, une épitahe à Codrus *, à Léonidas **, qui se

---

(*) Ce Roi d'Athenes ayant appris que, pour sauver la ville, il falloit qu'il mourût dans la
guerre contre les Peuples du Péloponese ; bien résolu de se dévouer pour sa patrie, il quitte
les marques de la Royauté, dit Pausanias, se déguise en bucheron, cherche querelle à des Lacédémoniens, se bat contre eux, se fait tuer, & par sa mort acquiert la victoire à son peuple.

(**) Roi des Lacédémoniens, qui, par sa valeur, défendit le détroit des Termopyles
contre l'armée immense de Xercès avec 300 hommes seulement. Léonidas & ses Soldats y
perdirent la vie. Voyez leur épitaphe, Cahier cinq, Planche IX.

dévouerent pour leur patrie. La différente façon de penſer des Grecs & des Romains, bien ſenſible à l'égard de l'illuſtration de leurs Héros, ne l'étoit point à l'égard de la décoration de leurs chars *f*. Chaque Vainqueur le faiſoit orner ſelon ſon goût : les uns y repréſentoient en bas-reliefs, Romulus, Neptune, Vénus; les autres Minerve, Hercule, Junon, ne ſuivant cet uſage que fort arbitrairement. Homere rapporte qu'aux funérailles de Patrocle, Diomede parut ſur un char éclatant d'or, ſans faire mention de figures; Domitien, Néron, pluſieurs Empereurs parurent ſouvent aux jeux du cirque ſur des chars d'ivoire enrichis de bronzes dorés & d'une ſeule Victoire ailée, ainſi qu'on vit ſouvent Alcibiade, des Princes, des Rois mêmes, dans le ſtade, diſputer le prix dans les grands jeux de la Grece.

P L A N C H E   X I.

On a réuni ſur cette Planche pluſieurs peuples voiſins de la Macédoine à la ſolde de Darius, qui combattirent contre Alexandre. Un Enſeigne Theſſalien *a*, ſuivi de deux Soldats Epirotes *b*, vêtu & coëffé à la maniere des Parthes, lance ſon javelot *c*, ſur des troupes Macédoniennes. Des Thraces *d*, *e*, dont l'un eſt ajuſté à la guiſe des Medes, les menacent de leurs maſſes de fer, & le barbare Roſaces *f*, va fendre de ſa hache le caſque d'Alexandre leur chef, ſi Clytus ne l'en empêche. Un Sarmate *g*, *g*, allié des Macédoniens (*), les venge & atterre ſous ſes fleches leurs compatriotes rebelles. Pluſieurs expirent ſous les traits vengeurs, ayant des armes inutiles attachées à leur poignet *h*. Le timon du char de Darius briſé *i*, les armes de ſes Soldats éparſes *k*, *l*, & ſes timbales renverſées *m*, annoncent la déroute de ſes troupes. Les Perſes raniment en vain leur courage, redoublent leurs efforts; malgré leur valeureuſe réſiſtance, ils ſont contraints de céder aux Héros victorieux le paſſage du Granique. C'eſt ce que le

---

(*) C'eſt un Sarmate que le Brun a copié, trait pour trait, d'après l'antique, & que, dans la feuille VIII du vingt-cinquieme Cahier nous avons déguiſé ſous le vêtement que ces Officiers portoient quand ils ſervoient dans d'autre cavalerie que la leur. Ils en empruntoient les armures veſtiaires, les uſages de l'exercice, les chevaux même, ne conſervant de ce qui leur étoit propre que leur corſelet, leur caſque, leurs armes, pour indiquer qu'ils étoient toujours attachés à leur patrie, quoiqu'ils ſerviſſent quelquefois des Princes étrangers.

Brun a fupérieurement rendu dans une de fes *batailles d'Alexandre* * :
chef-d'œuvres que les Etrangers voient à regret s'affoiblir fenfiblement
par les altérations que le tems leur imprime. Qu'ils s'en confolent !
Le burin d'Audran ** en confervera le mérite aux fiecles les plus
reculés, & leur communiquera tous les bienfaits que l'art de peindre
peut retirer de la gravure. L'obfcurité, que les années ne manquent
jamais de répandre fur les ouvrages qu'il eft difficile de conferver avec
foin, produit l'effet d'une épaiffe pouffiere, qui s'attachant aux tableaux,
en dévore infenfiblement les fineffes. Tant que l'œil connoiffeur perce
au travers de ce voile, qu'il découvre une riche ordonnance, des
grouppes bien contraftés, de piquans effets de lumiere ; tout lui plait
malgré le difcordant afpect d'un coloris fombre, monotone, fans agrément & fans vigueur. Ce n'eft qu'aux approches de la deftruction,
quand les beautés commencent à difparoître, qu'on ne voit plus
les traces du pinceau, que l'art s'évanouit & que l'ouvrage éclipfé
rentre prefque dans le néant, qu'on fent les avantages d'un art repro-
ductif qui nous rappelle les beautés d'un chef-d'œuvre enlevé par le
tems, & qui nous le rappelle auffi exactement que le fait la gravure.
Elle en retrace non-feulement l'enfemble, les maffes, les effets, mais

(*) Ces fuperbes morceaux qui, au dire d'un bon Ecrivain de nos jours, auroient mérité à
leurs Auteurs des autels dans l'antiquité payenne, forment une des belles fuites de tapifferies
des Gobelins. Les tableaux originaux décorent la Galerie d'Apollon, qui fait aujourd'hui
partie de l'Académie Royale de Peinture & de Sculpture. Ils y font au nombre de quatre, re-
préfentant le Paffage du Granique, la Bataille d'Iffus, la Défaite de Porus, & l'Entrée d'A-
lexandre dans Babylone. Le cinquieme, la Famille de Darius eft dans les appartemens de
Verfailles. A l'égard du fixieme, il n'a jamais été fini par le Brun, & n'a été gravé que d'après
un deffein de ce grand Maître.

(**) Gérard Audran, Artifte juftement renommé par l'excellence de fa pointe & de fon
burin, parmi quantité de beaux Ouvrages, grava les batailles d'Alexandre d'après les tableaux,
fur les deffeins & fous les yeux de le Brun. Il fe diftingua finguliérement par ces eftampes :
bien des gens prétendent qu'elles font plus recherchées que celles de la Bataille de Conftantin
par Raphaël, peinte par Jules-Romain, & qu'elles font beaucoup d'honneur aux tableaux, fur-
tout dans la partie du clair-obfcur. Il eft vrai que le coloris des peintures eft confidérablement
altéré par le tems. Néanmoins on y apperçoit encore quantité de beautés dans les maffes de lumieres ; mais dans les demi-teintes & dans les bruns, on n'y diftingue prefque plus ni effets ni
harmonie, ni intelligence. Qu'il eft à craindre que dans moins d'un fiecle ces chef-d'œuvres
ne foient entierement détruits ! On efpere que les tapifferies en tranfmettront pendant un
tems la jufte idée : il n'appartient qu'aux cuivres du célebre Audran de la perpétuer jufqu'à
nos derniers neveux.

encore les détails, les finesses, les nuances. Le burin empâte, fond, touche comme le pinceau; & la pointe d'Audran dessinoit comme le crayon de le Brun. Il seroit donc utile de confier à la gravure les ouvrages capitaux des Grands Peintres, autant pour les garantir de l'oubli des siecles, que pour les reproduire aux yeux de toutes les nations; observant, autant qu'il est possible, qu'ils soient gravés sous les yeux des Auteurs, afin d'en transmettre à la postérité le génie, le savoir & les goûts différens.

Puisque le sujet nous conduit à parler de la gravure, tâchons de justifier celle que nous avons employée dans cet ouvrage. Elle est telle qu'on l'a annoncée dans le Prospectus, où il est dit : « Tout y » sera présenté sous un trait net, ferme, spirituel, que releveront de » légeres masses d'ombres, comme doivent être traités ces fortes d'ou- » vrages, quand on veut en faire des ouvrages de goût ». Nous avons affecté de faire cette annonce, afin que ceux à qui ce genre de gravure simple & sans prétention pourroit ne pas convenir, se dispensassent de souscrire, & qu'à cet égard aucun Connoisseur n'eût rien à nous reprocher. Parmi les gravures de goût les plus connues, on compte certaines productions à l'eau-forte, de Pietre-Teste, du Guerchin, de Benedetto Castillon, &c. que ces Grands Maîtres ont mises au jour, lorsque moins occupés à faire des estampes qu'à donner des indications pittoresques de leurs idées, ils se livroient à l'enthousiasme de leur génie. C'est dans le même esprit que l'Auteur a dessiné son *Costume des anciens Peuples*, & qu'il a souhaité qu'il fût gravé; pensant que les Amateurs & les Artistes qu'il avoit essentiellement en vue, qui ne sauroient pas lire dans les Estampes qu'il leur présentoit, ne liroient pas mieux dans des estampes plus terminées. On compte aussi parmi les estampes de goût celles qu'ont employées Caperon, Perier, Bellori, à graver les Loges de Raphaël, les Figures antiques, divers Basreliefs du Capitole, des Arcs de triomphe, & d'innombrables monumens publics qu'on admire dans Rome. Oserons-nous le dire? La plupart des gravures du Costume sont à quelques égards plus terminées que les premieres, par la netteté des formes, la résolution des contours, & font plus d'effet que les secondes par l'intelligence & la fierté du clair-obscur. Aussi ont-elles été parfaitement bien accueillies, unanimement, sans contradictions des Souscripteurs, jusqu'au dix-septieme Cahier. Mais comme il n'eft pas poffible de plaire à tout le monde par les mêmes moyens, alors, quelques-uns fe font plaints que les eftampes n'étoient pas affez terminées, que la régularité des tailles, leur variété, leur nuances, n'étoient pas ménagées avec art; en un mot, qu'elles ne faifoient pas le plaifir qu'on en attendoit. Sans difcuter fi, pour remplir ces objets, il n'auroit pas fallu faire en Graveurs des dépenfes qui auroient porté l'ouvrage hors de prix, fi le caractere des deffeins originaux étoit fufceptible du fini qu'on demandoit; & fi on n'en auroit pas fait des ouvrages, ni affez hardiment heurtés pour fervir de fimple indication, fuivant l'intention de l'Auteur, ni affez terminés pour former des eftampes à encadrer, nous avons remis la conduite des Planches aux foins du plus excellent Graveur de Paris, qui non-feulement a retouché les traits des Artiftes, mais encore leur a tracé l'ordre, le fens des tailles, indiqué leur variété & fixé la nuance, la dégradation de tous les objets. Il a même trouvé l'art d'affocier le ftyle de l'Auteur, tout hardi, tout tranchant qu'il eft, avec les fineffes de la pointe & l'agréable douceur du burin. Les Connoiffeurs s'appercevront de ces améliorations dans les quatorze derniers Cahiers. On trouvera donc dans cet Ouvrage deux genres de gravures; l'un plus heurté, l'autre plus fini : car il ne fuffit pas de bien faire, il faut faire au goût des gens. On efpere que ces deux genres tous différens qu'ils font, feront trouvés fi bien affortis au caractere de l'Ouvrage, qu'ils auront l'un & l'autre l'art & le bonheur de plaire : c'eft au tems à confirmer nos préfomptions. Pour juftifier notre efpoir, nous ajoutons qu'il eft naturel de bien augurer d'un Ouvrage, qu'on traduit chez l'Etranger avant qu'il foit fini d'imprimer en france, & dont l'édition fe fait avec nos propres gravures *.

Planche XII.

Ce Monument *a*, conftruit dans un goût mixte de Grec & d'Egyptien, nous a été donné pour le tombeau érigé à Ecbatane en l'honneur d'Epheftion *b*. On y lit dans une infcription *c*: *Jup. Am. fav.*

(*) Un Libraire de eipfick nous fait favoir qu'il s'eft formé en Allemagne une Société d'Amateurs & d'Artiftes qui font traduire *le Coftume des anciens Peuples*.

Alex. conf. Ephest. ce qui fignifie : fous les aufpices de Jupiter Am‧ mon , Alexandre confacra cette fépulture aux mânes de fon cher Epheftion. On fait que le Roi de Macédoine chériffoit exceffivement ce favori. Il lui fit dreffer, à la hâte, ce petit tombeau , en attendant qu'on eût érigé le fuperbe maufolée, où il ordonna que le corps de fon ami feroit dépofé. Il voulut que Lifippe, Architecte & Sculpteur de cet édifice funebre, & qui devoit conftruire l'autre , défignât fenfi- blement par des figures *d*, *e*, *c*, par des attributs caractériftiques, que la confervation des deux fculptures feroit confacrée aux principales di- vinités de l'Egypte *f*, *f*, pour lefquelles il avoit pris une vénération finguliere, lors de la conftruction d'Alexandrie. Quelque diftingué que foit ce tombeau , il n'eft point de ces monumens qu'on appelloit hé- roïques, c'eft un fimple cénotaphe. Ces fépultures héroïques étoient ordinairement accompagnées d'un autel, où l'on rendoit des honneurs à la mémoire de ceux dont les corps y étoient inhumés : on en érigeoit auffi à leurs veuves. Andromaque eut un de ces monumens dans l'Attique : Paufanias en fait mention; c'eft de-là que fut tiré le bas- relief que nous expoferons à la XIe Planche du trentieme Cahier, & qui, dans la démolition du monument, fervit de limite dans un champ des plus renommés de la Grece.

Fin du vingt-neuvieme Cahier.

A.
B.
C.
L.
G.
G.
E.
M.
L.
K.
F.
D.
H.
I.

B.
A.
D.
E.
C.
L.
F.
G.
H.

B.
D.
B.
L.
C.
A.
K.
M.
N.
G.
G.
I.
F.
F.
G.
E.
H.
E.
E.

F
E
C
G
D
B
E
A
H
B.R

A
B
C
D
E
F
G
H
I
K
L
M
N
P
OB SCEL.

.A.
.B.
.C.
.D.
.E.
.F.
.G.
.H.
.I.
.K.
.L.
.M.
C. DVILIVS. C. R.

A.
C.
C.
B.
D.
E.
F.
G.
R.

A.
B.
C.
D.
E.
F.

.C.
.A.
.B.
.D.
.F.
.E.
.I.
.K.
.H.
.G.
.G.
.L.
.M.

A.
F.
E.
B.
C.
D.
Jup. Amm. fav.
Alex. cons. Epher.